Élucidation

Revue publiée à Paris

Rédaction : 9, rue Duguay-Trouin, Paris 6ème

Élucidation est née voici deux ans. Comment dire ? c'est une revue publiée à Paris. Elle n'a pas de ligne. Elle n'a été jusqu'ici que l'assemblée de quelques solitudes.

Pourtant, à en croire ses lecteurs, une même sensibilité s'y exprime. Cette opinion ne saurait être sans pertinence, ni sans effet sur la revue et sur sa rédaction.

Une sensibilité ? Une tonalité plutôt. Revue néo-lacanienne souvent, mais, comme le voulait François Regnault, sans arsenal ni pharmacie. Savante parfois, mais sans esprit de spécialité, ouverte à « qui pense la plume à la main » (Nathalie Georges). Provocante peut-être, mais discrète aussi. De bon goût, mais pas toujours. « Analyse, récit, poème, déduction, annonçait Jean-Claude Milner, rien n'est d'avance hors sujet,... » Décalée ? Littéraire ? Futile ? Ah ! c'est du plus grand sérieux, celui de la lettre.

« Si j'avais eu à commander un emblème à un artiste, rêvait Jacques-Alain Miller, j'aurais dit : " Non pas les Grâces, non pas les Disgrâces : ni les Érinyes, ni les N'ont-qu'un-œil-pour-trois. Plutôt la nymphe Élucidation, flanquée des jumelles Terreur et Poésie. Éclairer, dévaster (les idées reçues), et chanter. " »

Le numéro 10, prévu pour paraître en mars prochain, aura un thème : « Épinglages », et un principe : textes de même longueur (entre six et sept mille signes, maximum absolu), ayant tous pour titre un nom propre, suivi d'un trait pertinent. Le texte part de ce trait, ou y arrive, ou tourne autour. Le nom propre doit être celui d'une créature animée, réelle ou de fiction (non celui d'une ville, d'un lieu, d'un concept, etc.).

L'inspiration de ce jeu lettré : les *Vies imaginaires* de Marcel Schwob.

Et aussi Lacan : « ... comme d'ordinaire, la psychanalyse ici reçoit, de la littérature... »

Éria Moss

Le numéro 8/9 est le premier à être diffusé en librairie. Une première sélection des sept numéros parus vient d'être publiée en espagnol par les soins de German Garcia, aux éditions Atuel-Anafora, de Buenos Aires. D'autres projets sont à l'étude, en italien et en anglais notamment. Les éditions Verdier, qui ont réalisé une compilation complète des sept premiers numéros, assureront à partir du numéro 10 la fabrication et l'administration de la revue.

LES CONSTELLATIONS RÉVÉLATRICES

PAR JEAN-CLAUDE MILNER

LES CONSTELLATIONS N'EXISTENT PAS ; seules existent les étoiles qui les composent. C'est un lemme de la science moderne. C'est aussi l'un des traits différentiels qui séparent la *phusis* des Anciens et la Nature post-galiléenne.

Que les constellations existent, cela suivait de la relation privilégiée qu'entretient la *phusis* au regard. Car elles se donnent à voir ; en vérité, elles ne font que cela. Un corps céleste que nul ne voit, ne laisse pas d'exister pour l'astronomie aujourd'hui. Ainsi en va-t-il des exoplanètes ; planètes extérieures à notre système solaire, elles échappent aux instruments les plus puissants ; seul le calcul les restitue et autorise qu'on nomme chacune d'elles. En revanche, une constellation que nul ne verrait serait une contradiction dans les termes ; du même coup, aucun nom ne lui serait assigné. Un observateur est requis ; il doit disposer de la vue et du langage ; c'est l'homme d'Ovide, visage tourné vers le haut. Les constellations n'existent que pour lui et par lui. Les bêtes n'en ont que faire, elles qui voient les étoiles et parfois s'en orientent. Quant aux dieux qui les verraient et les nommeraient, ils seraient au sens strict anthropomorphes ; tels étaient les dieux antiques, tel n'est pas le Dieu des chrétiens. À la naissance du Christ préside une lumière nouvelle – comète, nova, on en dispute, mais sûrement pas constellation, signe récurrent et régulier. Grande différence avec l'enfant de la Quatrième églogue de Virgile : *Jam redit et virgo*...

L'homme regarde le ciel étoilé et se persuade que les étoiles s'assemblent en figures. Il nomme ces figures. À partir des mythes et des contes, grecs ou non. Sinon que dans le dispositif de la *phusis*, l'*épistèmè* reconnaissait les constellations pour des objets dignes d'elle ; Eratosthène peut relater la naissance légendaire des constellations (*Catastérismes)*, sans cesser d'être l'astronome que l'on sait. Dans le dispositif de la science moderne, rien de tel. La Nature n'est pas faite pour le regard – elle ne se cache ni ne se montre. Visibles ou non, les étoiles sont réelles ; précisément parce qu'elles sont visibles, les constellations sont imaginaires. Le dessin qu'elles forment n'est rien d'autre qu'une représentation que se donne le regard égaré afin de suspendre, un instant, une incontrôlable sidération. Aucune règle calculable dans les figures, hormis la prégnance de quelque bonne forme ; aucune relation entre les points qui les composent, hormis le dessin lui-même ; aucune nature, hormis un aléa que ne saisit même pas la moindre loi stochastique ou statistique. Rien, hormis un évitement de l'indéfinie pulvérulence du ciel étoilé et de son effet d'horreur. Rien, hormis la demande d'arpentage, qui est la même que la demande de langage (je ne dis pas « langue ») : que le ciel ne soit pas moins arpenté que la terre et pas moins langagier.

Dissiper les constellations pour ne compter que les étoiles, les planètes ou les galaxies, le geste est décisif. Les conserver à des fins de repérage pratique, la transaction est habile, mais ne change rien au fond des choses (la décision remonte, semble-t-il, à Herschel). Tenir l'étoile Polaire pour un réel et les deux Ourses pour un imaginaire, cela revient à affirmer ce qui ne va nullement de soi : que ce n'est pas parce que quelque chose se donne à voir, qu'il faut en tenir compte ; ce n'est pas parce que deux choses se donnent à voir avec la même évidence, qu'il faut en tenir compte de la même manière. Le regard qui saisit l'étoile Polaire saisit aussi la Petite Ourse qui l'inclut et la Grande Ourse qui l'avoisine ; pourtant ce même regard ne saisit pas à la fois le même type d'existence. Il faut alors conclure que les *phainomena* ne forment pas une classe consistante ; ils n'ont donc pas à être sauvés ensemble, mais chacun doit être examiné un par un, sans exclure la possibilité que certains seulement soient préservés, d'autres étant à jamais dissipés ; ils n'ont pas à être passés au crible de leurs qualités – les qualités sont les mêmes pour l'étoile et la constellation –, mais à un autre crible, qui ne sait rien des qualités. Réciproquement, l'œil humain n'est pas le lieu ultime de la science ; il ne détermine pas la Nature, laquelle n'est pas un spectacle. Les orbes célestes, que nul ne voit et que nul ne nomme (tout au plus les calcule-t-on), sont plus effectifs que les constellations que tout le monde voit et nomme.

Avec les constellations disparaissent des savoirs que les plus grands tenaient pour majeurs. Un geste sacrificiel est ainsi accompli. Il est pourtant constamment dénié. Les noms indistincts de ciel, de voûte céleste, de ciel étoilé, d'étoiles jettent un voile commode sur l'ambiguïté. Pour ne prendre qu'un seul exemple, le ciel étoilé dont parle Kant est-il constellé ou pas ? La différence est profonde et emporte avec soi la question de la loi morale. Si la loi morale en moi est le strict analogue des constellations hors de moi, alors, comme les constellations hors de moi, la loi morale n'est rien de plus qu'un dessin que je me fabrique pour m'orienter dans les déserts de l'amour ou l'océan des passions. On conclura volontiers que seules les passions sont réelles. Si en revanche elle est en moi l'analogue d'une étoile hors de moi – disons, une fois encore, l'étoile Polaire –, alors elle est un réel, à quoi les constellations (religions diverses, préceptes moraux, codes juridiques) apportent seulement une aide mnémotechnique. Le protestantisme éclairé, comme Petite Ourse de la moralité, voilà qui donnerait sens à la mode WASP du Teddy bear. Selon la première lecture, Kant ne touche au réel qu'à se retourner en Sade ; selon la seconde, Kant touche au réel sans se retourner. Le problème est que sans doute, Kant consiste justement en l'impossibilité d'arrêter le balancier et que le réel en lui se retourne incessamment en imaginaire. Et inversement.

Que les poètes aient rencontré la question, on ne devrait pas s'en étonner. Après tout, la poésie dans sa propre mémoire est balisée de constellations – qu'on songe aux Pléiades, de Sapho à Du Bellay. Mais il revint spécialement aux poètes du XIXème siècle de s'affronter au sacrifice exigé par la science ; parmi ceux-ci, je distinguerai, m'inspirant de Jacques Roubaud, les poètes du sonnet. Et parmi les poètes du sonnet, je distinguerai Mallarmé. Je tiens qu'à poser la question du sonnet, de ses lois, de leur caractère strict (accentué par Banville, comme l'a fait apparaître Roubaud), tous ont de fait posé la question de la science. Plus exactement, c'est parce qu'ils étaient sollicités par l'émergence de la science de la Nature dans sa forme triomphante, qu'ils se perçurent sollicités par le formalisme poétique. Dans sa facticité et dans sa rigueur. À l'inverse, le poète qui promut au sommet des savoirs possibles, non pas la science mathématisée, mais l'histoire comme légende, fut aussi de tous le plus indifférent au sonnet : Victor Hugo.

Les poètes du sonnet vont au nombre par la science et par le vers. Les deux voies se rejoignent-elles ou pas ? La question les a tous traversés, mais ils y ont répondu variablement. Sainte-Beuve, auditeur de Lamarck, admirateur de Claude Bernard et de Littré, a choisi la science ; la poésie n'y survivra pas. Quand Nerval parle du « luth constellé », on peut certes entendre « constellé » de bien des manières ; mais la plus simple demeure la plus assurée. Il s'agit des constellations, en deuil de l'étoile (« ma seule étoile est morte »). Les nombres du vers et du sonnet le saisissent d'un coup – entre douze et quatorze, la treizième –, mais aussi la haine des nombres de la science. Nerval les combat sans merci, redoublant l'Univers d'un Autre Univers, qui s'y ajoute et l'annule. Pour être revenu aux constellations, il lui faut revenir aux anciens savoirs et aux anciens dieux. Swedenborg l'emporte à jamais sur Newton.

Baudelaire n'ignorait ni Sainte-Beuve ni Nerval. Mais il leur préféra Poe. Chez lui, Baudelaire crut trouver tout à la fois la science de la Nature (*Euréka*) et l'idéal d'un calcul poétique (*The Philosophy of Composition*). Il y trouva également la conjonction de la constellation et de la lettre. Dans *Euréka*, Poe ordonne le ciel : « nous pouvons dire de notre Soleil qu'il est positivement situé sur le point de l'Y où se rencontrent les trois lignes qui le composent, et, nous figurant cette lettre comme douée d'une certaine solidité, d'une certaine épaisseur, très-minime en comparaison de la longueur, nous pouvons dire que notre position est dans le milieu de cette épaisseur » (§ XI). Dans *Le Double assassinat de la rue Morgue*, Dupin traite de la constellation d'Orion selon les développements les plus récents de l'astronomie ; c'est pour, l'instant d'après, citer Ovide (*Fastes*, V, 536) et commenter la substitution d'une lettre à une autre (changement d'Urion en Orion) : *perdidit antiquum littera prima sonum*, « l'initiale perdit sa sonorité d'autrefois ». Chez Ovide, il s'agit d'un euphémisme ; Urion s'appelle ainsi parce qu'il est né de l'urine des dieux. Épisode malséant, que la modification littérale doit dissimuler. Chez Poe, rien n'en est évoqué ; il s'agit bien plutôt, à l'exemple de Bacon, d'unifier l'interrogation de la Nature et la cryptographie.

À la simultanéité déchirante des sollicitations, celle de la science et celle du vers, Mallarmé a conféré une expression tout à la fois systématique et dramatique. La décision de Nerval est explicitement condamnée ; face à la science qui élit l'Univers pour son objet et qui à l'Univers n'admet aucune limite, il est vain de construire un contre-Univers : le rêve, ou le souvenir, ou la folie. Au reste, les faits sont là ; cela se termine mal. Par les Chimères (à quoi Mallarmé oppose systématiquement la Chimère au singulier) et le suicide laid : « Vont ridiculement se pendre au réverbère », dernier vers du *Guignon*. À qui veut éviter chimères et ridicule, une décision autrement radicale est nécessaire. Le vers et plus généralement les Lettres doivent faire limite à la science; entendons la science qui ose prendre pour objet le sans limites en tant que tel – ce que Mallarmé nomme en 1869 le « mouvement hyperscientifique » (*Notes*, p. 851 de l'ancienne édition de La Pléiade, procurée par Henri Mondor et G. Jean-Aubry). Les quatorze vers du sonnet, les douze pieds de l'alexandrin, les vingt-quatre lettres de l'alphabet donnent accès simultanément à la question des Lettres, contingentes et nécessaires, à la question de la nature telle que l'homme l'avait immémorialement contemplée (rythme des saisons, régularités des phénomènes célestes) et à la question de la Nature moderne comme lieu d'une science et d'une technique illimitées. L'Univers en tant qu'il pourrait être autre qu'il n'est et en tant qu'il est comme il est, Mallarmé appelle cela le Hasard – à la fois contingence de la relation du son au sens, contingence des règles du vers et contingence des lois de la Nature (l'ouvrage de Boutroux date de 1874).

Les trois questions se résument alors en une : la poésie ainsi entendue peut-elle et doit-elle renoncer aux constellations ? On connaît la réponse de Mallarmé : « La Nature a lieu, on n'y ajoutera pas » (*La Musique et les Lettres*, Mondor, p. 647) ; on n'y ajoutera donc pas un Autre monde – contre Nerval encore. Ne pas ajouter, cela se dit aussi « soustraire » ou « excepter ». Découvrir dans l'Univers un objet qu'on en soustrait ou excepte, voilà justement l'instant de la constellation : « Rien/n'aura eu lieu/que le lieu/excepté/peut-être/une constellation » (*Coup de dés*). Entendons : rien n'aura eu lieu que ce qui a lieu, c'est-à-dire la Nature, comme lieu de la science et de la technique – sauf l'exception qui fait limite. À relier à : « les constellations s'initient à briller : comme je voudrais que parmi l'obscurité qui court sur l'aveugle troupeau, aussi des points de clarté [...] se fixassent, malgré ces yeux scellés ne les distinguant pas » (*Conflit*, Mondor, p. 359 ; « comme » = « tout comme ») et à « on n'écrit pas, lumineusement, sur champ obscur, l'alphabet des astres, seul, ainsi s'indique... » (*L'Action restreinte*, Mondor, p. 370).

Non seulement la poésie ne renonce pas aux constellations, mais elle y trouve son répondant intelligible. À condition du moins que soit reconnue leur définitive obsolescence. Précisément parce que la science moderne en sanctionne la disparition au nom de la Nature, le soin revient à la poésie de constater cette disparition, d'en prendre définitivement acte pour la constituer en soustraction et en exception : « pour le fait, pour l'exactitude, pour qu'il soit dit » (*Conflit*, Mondor, p. 359). Alors seulement, elle peut opposer à l'Univers une subsistance qui soit à celui-ci comme un envers à l'égard d'un endroit et comme une limite d'ores et déjà franchie : « aussi loin qu'un endroit/fusionne avec au-delà » (*Coup de dés*) ; ou comme la projection topologique d'une profondeur infinie en une surface ; ou comme la transformation d'un Univers sans haut ni bas en un espace avec haut et bas : « quelque surface vacante et supérieure » (*Coup de dés*).

S'adressant à des Anglais marqués par leur croyance (« l'Angleterre ne peut à cause de Dieu [...] adopter la science pure », *Notes*, Mondor, p. 851), Mallarmé est on ne peut plus explicite. Dans *La Musique et les Lettres* (conférence prononcée à Oxford et à Cambridge en 1894), il décrit celui qu'il appelle le « civilisé édennique » : « Un homme peut advenir, en tout oubli [...] de l'encombrement intellectuel chez les contemporains ; afin de savoir, selon quelque recours très simple et primitif, par exemple la symphonique équation propre aux saisons, habitude de rayon et de nuée... » (Mondor, p. 646). Si de plus « il a [...] pris soin de conserver de son débarras strictement une piété aux vingt-quatre lettres comme elles se sont, par le miracle de l'infinité, fixées en quelque langue, la sienne », cet homme « possède une doctrine en même temps qu'une contrée » (*ibid.*). Le civilisé édennique (je conserve l'orthographe de Mallarmé), contemporain de la science et de la technique, ne cesse pas pour autant de reconnaître, comme Adam avant la chute, les constellations ; autant dire qu'il ne cesse pas de penser par le vers : « le vers agencé comme un spirituel zodiaque » (fragment de 1893, *La littérature*, Mondor, p. 850). Ce faisant, il maintient, au sein de l'Univers, la mémoire de ce qui précéda la science moderne : le savoir des alternances et des constances du monde.

Mallarmé pouvait se souvenir que, selon certains érudits, le mot « saison » est issu du latin *statio*, position du Soleil dans chacun des signes successifs du Zodiaque ; cette étymologie est évoquée dans le Littré. Elle est généralement rejetée au profit d'une origine *satio*, « semailles », mais la question n'est nullement réglée (voir par exemple Guiraud, *Le dictionnaire des étymologies obscures*). Mallarmé avait en tout cas lu Milton et parlait à des auditeurs qui l'avaient lu ; il s'était formé par lui une idée de l'Éden, tel que l'archange Raphaël en décrit à Adam l'achèvement, au crépuscule du Sixième Jour : « La terre, l'air résonnaient (tu t'en souviens, car tu les entendis) ; les cieux et toutes les constellations retentirent ; les planètes s'arrêtèrent dans leur station pour écouter... » (*Le Paradis perdu*, VII ; trad. Chateaubriand). Lisibles dans l'alphabet céleste, les savoirs édenniques ne le sont pas moins dans les vingt-quatre lettres de la langue.

On notera l'insistance sur le vingt-quatre. La mention revient plusieurs fois (cf. entre autres, Mondor, p. 646 et p. 850). Mon ignorance ne me permet pas d'établir si quelque chercheur a répondu à la question : comment Mallarmé parvient-il au vingt-quatre ? Il songeait évidemment à l'alphabet grec, qui permit aux Alexandrins de décompter les chants de l'Iliade et de l'Odyssée. Mais Mallarmé parle du français ; or, l'alphabet français du XIXème siècle compte vingt-cinq lettres ; on n'y inclut pas alors le « w », lettre réputée étrangère (Brachet et Dussouchet, *Grammaire Française*, 1888, p. 34-35). Mallarmé, formé à la linguistique de son temps, l'ignorait moins que personne. Une conjecture : ayant exclu le « w » comme Brachet et Dussouchet, Mallarmé aurait fait un pas supplémentaire, en excluant le « k » – lettre purement grecque ou étrangère (voir ce qu'en dit le Littré et, par contraste, l'usage qu'en fait Leconte de Lisle). Il serait intéressant de vérifier si Mallarmé use du « k » ou du « w » dans le volume de ses *Poésies*, calligraphié par ses soins (noms propres mis à part, Whistler ou Wagner). Un premier examen semble prouver que non. On opposera les *Vers de Circonstance* (« Mademoiselle Wrotnowska », *Les loisirs de la poste*, CVII, ou « kyrielle », *ibid.*, CVIII). Dans les poèmes de jeunesse, que, justement, il ne reprit pas en volume, le verbe « polker », danser la polka (*Contre un poète parisien*, Mondor, p. 21). Mallarmé ou le lipogramme caché ?

Quelles qu'elles soient, les deux lettres manquantes rétablissent le droit des constellations. Mais ces dernières ne subsistent qu'au titre d'une trace, incessamment disparaissante. Témoin, une fois encore, le texte du *Coup de dés* : « vers/ce doit être/le Septentrion aussi Nord/une constellation/froide d'oubli et de désuétude. » Il ne faut pas comprendre le groupe épithète comme la particularisation d'une constellation opposable à d'autres, qui ne seraient ni froides ni oubliées ni désuètes. Au temps de la science, *toute* constellation est comme telle désuète et vouée à l'oubli. Le nom même s'en efface. « Le Septentrion aussi Nord », le second nom rature le premier. Or le Septentrion nomme une constellation : *Septem triones*, les sept boeufs de labour ; ainsi les Latins appelaient-ils la Grande Ourse et parfois la Petite Ourse. Mallarmé, il est vrai, ne mentionne jamais que la première, alors que l'étoile Polaire appartient à la seconde ; c'est que la Grande Ourse brille aux regards, or Mallarmé ne prend en compte que la brillance (« les constellations s'initient à briller »).

En tant que vocable (germanique et non plus latin), le Nord n'a rien de sidéral. Dans sa signification objective, il relève d'une détermination toute pratique (« intérêt » dit le texte) et peut-être toute terrestre ; Mallarmé, qui mentionne Jules Verne dans *La Dernière Mode* en 1874, avait peut-être lu *Les Anglais au Pôle Nord* et *Le Désert de glace* (publiés chez Hetzel en 1867, sous le titre général *Voyages et aventures du Capitaine Hatteras*). Quoi qu'il en soit, obliquant vers le pôle magnétique, l'aiguille de la boussole ne sait rien ni de l'étoile Polaire ni des Ourses. Les phares et fanaux divers, pas davantage. Mallarmé ne les mentionne que pour les écarter : « hors l'intérêt/quant à lui signalé/en général/selon telle obliquité par telle déclivité/de feux ... »

Le temps de proférer le monosyllabe *Nord*, la constellation s'abolit, comme il convient à l'ère de la science et de la technique modernes. Vers le Nord pourtant, l'instant d'après, tel sujet la trouvera, en exception de l'Univers. « Froide d'oubli et de désuétude » certes, mais « pas tant/qu'elle n'énumère/sur quelque surface vacante et supérieure/le heurt successif/sidéralement/d'un compte total en formation ». Mais pourquoi le sujet la rechercherait-il ? Pour une seule raison : le désir du compte total, supporté par les Lettres, vingt-quatre en tout, pas une de plus, pas une de moins. Le compte total, voilà ce qui reste du Livre de naguère. Le rend possible, non pas tout ce qui existe au monde (« tout, au monde, existe pour aboutir à un livre », écrivait encore Mallarmé en 1895, *Le Livre*, Mondor, p. 378 ; il a cessé d'y croire en 1897), mais bien plutôt ce qui n'y existe pas. Ou ce qui y existe pour en dire que non.

Les constellations n'existent pas dans l'Univers, mais, malgré tout, elles brillent. Leur brillance fait de leur inexistence, une existence. Au sens strict, cette existence tient à leur seule brillance et commence avec elle ; « les constellations s'initient à briller », les mots se laissent à présent interpréter complètement. C'est un commencement absolu. Cette existence, incessamment commencée chaque nuit, dit que non de l'Univers de la science. Elle dit que non de la Nature, en tant qu'elle n'est pas la *phusis*. Les constellations font limite à l'Univers infini et à la Nature, instituées de ce fait en figures du Tout : « on n'y ajoutera pas. » De même ici-bas, la mer fait limite à ce qui existe sur terre : « de l'Infini se séparent et les constellations et la mer, demeurées, en l'extériorité, de réciproques néants... » (*Igitur*, Mondor, p. 435).

Comment ne pas songer à Wittgenstein et à sa définition du Mystique : « le sentiment du Monde comme totalité bornée » (*Tractatus*, 6.45) ? La décision de Mallarmé appelle cependant un autre commentaire. À laisser la Nature en son lieu, c'est la science qu'il limite. La science dont Renan dit en 1890 qu'elle a de l'avenir et que Mallarmé appelle « hyperscientifique ». Dans cette stratégie de la limite, il fait de la mathématique son alliée : « il faut étudier nos mathématiciens » (note de 1869, Mondor, p. 851). Le nombre comme limite de la Nature et de la science modernes, cela est tout à la fois légitime et possible, à une condition : du nombre, remémorer la généalogie. Elle ramène aux constellations, « le nombre/issu stellaire » (*Coup de dés*, Mondor, p. 472). Non pas la science mathématisée donc, mais la mathématique. La mathématique en exception de la science. Or, le nombre remémoré, c'est le vers.

LA CHARRUE ET LES ÉTOILES*

Notes sur le spectacle et ses intermittents

PAR FRANÇOIS REGNAULT

« Au fond, il n'y a jamais eu d'époque où l'on ait tant bavardé sur l'art ni fait si peu de cas de lui. Est-il possible de fréquenter encore un homme capable de *mettre la conversation* sur Beethoven et Shakespeare ? Chacun répondra selon son sentiment, mais sa réponse, en tout cas, montrera ce qu'il se représente sous le terme de " culture ", – à supposer toutefois qu'il cherche à répondre et que la question ne l'ait pas laissé muet de stupéfaction. »

Nietzsche, *La Naissance de la tragédie*

1. TOUT VA BIEN. Le Festival d'Avignon (le « In ») a été annulé, mais le Festival des Vieilles Charrues de Carhaix (Finistère), a eu lieu. Ceux qui voulaient jouer (danser, chanter) au cinquante-septième Festival d'Avignon (dans le « In ») n'ont pas pu se défendre et n'ont pas été défendus, mais ceux qui tiennent au grand festival de chansons trouvent à le défendre, et à se défendre contre la CGT, qui voulait l'interrompre[1].

Il faut croire ceci – en gens qui croyons à l'inconscient, et au désir – que ce résultat était le *désir* des protagonistes, et je dirai : des intermittents eux-mêmes, qui ont souhaité en arriver là, du Medef, qui a tout fait pour en arriver là, du Ministère de la Culture, qui a pris le risque d'en arriver là.

2. Les intermittents qui voulaient jouer joueront à Avignon, car, à l'heure qu'il est, le « Off » est maintenu, sauf que le public, privé du « In », le boude. Les intermittents qui ne voulaient pas jouer et qui ne voulaient pas que d'autres jouent, n'auront pas joué, et auront empêché les autres de jouer, à Aix et à Avignon. Ils auront obtenu l'arrêt de ce qu'il y avait certainement de « plus beau », à Aix et à Avignon. De tout ce qu'on aurait voulu voir et entendre, tant des artistes français que des artistes étrangers. Ils n'auront pas obtenu, ni voulu obtenir l'arrêt de ce qu'on n'aurait pas forcément trop envie de voir ni d'entendre – ne serait-ce que parce qu'on l'a déjà vu et entendu un peu partout en France. Je dis « plus beau » exprès, sachant bien pourtant qu'aujourd'hui, pour tout le monde, et pour les intermittents quand ils se défendent les uns les autres : tout vaut tout. J'autorise évidemment n'importe qui, avec qui je ne ferai pas front commun, à prétendre que tout est mieux au « Off » qu'au « In », et que la vielle qu'on joue dans la Morvan (référence authentique), c'est tout de même mieux que *Renard* de Stravinsky, *Les Tréteaux de Maître Pierre* de Manuel de Falla et *Le Pierrot lunaire* de Schönberg, qui devaient se donner à Aix sous la direction de Boulez.

Il faut croire ceci – en gens qui croyons au désir inconscient – que ce résultat était le désir des protagonistes. Les charrues, mais pas les étoiles ! Ou plutôt, si on prend en compte la cantatrice Mireille

* Rappelons que *La Charrue et les étoiles* est une pièce du dramaturge irlandais Sean O'Casey.

1 - La CGT a renoncé à troubler le Festival des Vieilles Charrues, *pour des raisons de sécurité*. Ce ne sont donc ni les Bretons, ni les chanteurs, ni les intermittents, ni Aillagon, ni la CGT, ni l'art, ni la culture qui ont gagné. C'est quoi ? La sécurité ? Parbleu ! C'est encore Nicolas Sarkozy !

Delunsch qui se préparait depuis un an pour chanter *Traviata* à Aix, on dira : les Vieilles Charrues (Enrico Macias, etc.), oui, la jeune Étoile, non ! C'est qu'un grand nombre parmi les intermittents n'ont que faire du théâtre, de la musique et de la danse, puisque sous le nom de « spectacle vivant » (qui leur a été imposé), ils croient en réalité à la Culture. Le Medef n'a que faire de la culture, et ne va jamais ni au théâtre, ni au concert, ni au ballet (une sortie par an, côté petits patrons, au Boulevard, entre amis, à cause du dîner qui suivra. Parfois, côté grands patrons, une sortie à l'Opéra-Bastille). Le ministère de la Culture n'a plus le moindre discours sur la Culture, depuis longtemps, mais – faute de discours – ne manifeste même pas d'amour ni de désir à l'endroit du « spectacle vivant » (je garde donc la formule). Il n'y a plus que le patrimoine et l'audio-visuel au menu. En ajoutant les arts plastiques, qui ont le vent en poupe, et en lesquels l'actuel ministre est plutôt compétent. Le chef de l'État, lui, va pourtant au théâtre pour applaudir, une fois par an, sa chère Line Renaud. (Ajoutons-y Pierre Boulez et Johnny Hallyday.) François Mitterrand, dès son arrivée au pouvoir, avait symboliquement assisté à Avignon à une répétition de Daniel Mesguich. Quelque vingt ans après, tout le Ministère Jospin se précipitait aux *Côtelettes* de Bertrand Blier. Tel est le train de cette classe politique française immensément cultivée. L'hirondelle Ralite, qui va chaque soir au théâtre, ne fait pas le printemps !

3. En termes lacaniens, on dira qu'on est passé, au sein des appareils idéologiques d'État, chers à Althusser, des intellectuels de gauche, qui sont des bouffons, aux intellectuels de droite, qui sont des valets : des *fools* aux *knaves*, dit Lacan (au sens anglais de *knave*, le valet des cartes, qui signifie aussi coquin, fripon). Mitterrand avait ses bouffons, le Medef a ses valets.

4. Bien entendu, tout le monde a retrouvé les effluves ou les relents de Mai 68 dans cette affaire. Ce que les manifestations contre les lois sur les retraites n'ont pas obtenu, ce que les enseignants n'ont pas obtenu, après avoir lancé des masses importantes dans les rues, les intermittents ne l'ont pas obtenu non plus, à l'heure qu'il est. Sauf qu'ils ont résisté jusqu'au bout, et qu'ils en sont fiers. Un petit nombre veille encore, pour la rentrée. Julian Beck avait insulté Jean Vilar en 1968, et assuré ainsi le triomphe du vilarisme pour trente ans – ce vilarisme qui arrive sans doute à son dernier soubresaut aujourd'hui. Les intermittents organisés, aidés de la CGT, ont emmerdé Stéphane Lissner et Bernard Faivre d'Arcier, mais je ne suis pas sûr que cela va sauver les Festivals d'Aix et d'Avignon pour trente ans !

Mai 68 ne fut pas tragique. On évitera donc de refaire le coup de Marx, et de dire que juillet 2003 aurait été la reprise de Mai 68 en farce. Mai 68 était gai, juillet 2003 est triste. Affligeant même lorsqu'on entend les intermittents contemporains de Ben Laden parler de coups de poignards dans le dos ou de massacre, et hurler qu'on les fait taire en se mettant du sparadrap sur la bouche et en se couchant par terre comme si on était sous un gouvernement de mollahs.

Si vous vous mettez dans la peau d'un intermittent fortement menacé de voir diminuer ses Assedic quasiment de moitié par les nouvelles mesures, vous comprendrez qu'il ne pouvait guère céder, et que si Aix, surtout si Avignon (toujours le « In ») avaient eu lieu, leur cause eût été perdue. Sauf que la cause risque d'avoir été bel et bien perdue. Mais il n'y a pas de honte à perdre lorsqu'on a lutté. Sauf qu'on pourrait demander compte, à chacun, du résultat de ses prises de position : Aix a été annulé, Avignon (« In ») n'a pas eu lieu, mais l'État renflouera ces Festivals. Les autres grandes manifestations, festivals régionaux, Festival interceltique, Chorégies d'Orange, Vieilles Charrues, Rolling Stones, Johnny Hallyday, non plus que les festivals de musique pure, etc., ne seront guère troublés. On dira : les intermittents auront voulu frapper deux symboles ? Oui, deux manifestations de l'Art en tant qu'il ne s'identifie pas entièrement à la Culture. L'art des artistes en somme. Quand je vous disais que les intermittents, quand ils sont ensemble, ne croient ni au Théâtre, ni à la Musique, ni à la Danse, ces vieux mots usés entre lesquels le discours dominant organise sans cesse des passerelles de secours, mais ils croient à la Culture. Ils oppriment par là même ceux d'entre eux, encore nombreux, qui ne veulent pas céder sur le théâtre, la musique, ni la danse, derniers symboles peut-être d'un système des arts en voie de disparition, malgré le vote du Parlement européen favorable à l'Exception culturelle française au moment même où deux des plus beaux fleurons de cette exception, Aix et Avignon, venaient d'être arrachés à leur couronne. Enfin, la loi passera sans doute, avec les aménagements d'usage. Employeurs et employés s'emploient même déjà à trouver les combines pour en annuler les effets, comme auparavant. Les moins aveuglés diront qu'ils n'avaient pas voulu ça, d'où je conclus qu'ils l'auront désiré. À moins, bien entendu, que n'ait lieu la grande rentrée chaude où se retrouveront intermittents, enseignants et retraitants. « On va vers la Grève Générale », comme me disait un intermittent.

5. On pourrait prendre le problème d'un peu plus haut. Je le ferai en me référant au *Salaire de l'idéal*, de Jean-Claude Milner[1].

Si on admet que, dans un capitalisme comme celui de la France, où la bourgeoisie salariée remplace lentement, depuis plus d'un siècle, la bourgeoisie propriétaire, que le salaire a pour objectif de rétribuer le travail *avec* le repos qui lui est nécessaire, mais qu'un sursalaire a pour objectif de payer du loisir – soit en temps (« surtemps »), soit en argent « surrémunération ») – on se trouve devant un phénomène curieux : à ce loisir s'ajoute ce que Milner appelle l'*otium* (ce temps par définition de non travail grâce auquel le maître antique pouvait jouir de sa liberté, et, s'il le voulait, de la culture). Cependant, « entre repos, loisir, *otium*, il n'y a nulle communauté de nature, mais il y a superposition ». D'où la tentation, aisée, de réduire l'un à l'autre : « Quand l'*otium* [liberté et culture] a été rabattu sur le loisir, on comprend enfin qu'il soit facile aux esprits vulgaires de rabattre le tout sur le repos. »

La solution française aura été du même coup d'associer République, démocratie, et souci du social dans une formule telle que « La France est une République indivisible, laïque, démocratique et sociale ». Son *service public* assure une perméabilité entre bourgeoisie salariée et prolétariat industriel. Mettre ses enfants à l'école publique, pour un ouvrier, ce sera du même coup lui assurer l'égalité des chances, le droit effectif à un salaire décent (à des congés payés) et, le cas échéant, l'accès à la culture.

La demande est alors celle d'un État libre et cultivé : « En France, la relation entre surtemps, *otium*, libertés et culture passe donc systématiquement par l'État républicain. » On évitera alors que l'État ne contrôle l'*otium* en faisant que « l'État se veuille libre et cultivé ». J'ajouterai que le nom de Malraux, par exemple, suffirait à évoquer ce rêve, ce versant du *désir*, dont le nom de Vilar désigne le versant de la *demande* : Barrault devint serviteur de l'État et lorsque Malraux ne se montra plus libre à ses yeux en le congédiant, il partit au nom de « Serviteur, oui, valet, non ». En vérité, tout autre est Vilar : il demande, et donc, il n'obtient pas, ou pas assez, et donc, il lui faut se plaindre. Tels ces propos, typiques de tout affidé (eût-il dit « abonné » ?) au service public, dans une interview donnée au Canada en 1954 : « À ces 50 millions alloués par l'État [au T.N.P.] – faible somme comparée aux 450 millions de la Comédie-Française et au milliard de l'Opéra (*mais la liberté vaut ce prix* !), etc. »[2]

Lorsque les acteurs culturels – appelons-les ainsi – reprennent le modèle de Vilar, cela signifie donc : liberté entre l'État et nous, parce que l'État est libre, et nous rend donc libres nous aussi, et subventions

1 - Milner, J.-Cl., *Le salaire de l'idéal. La théorie des classes et de la culture au XXème siècle*, Paris, Seuil, « Essais », 1997.

2 - Extraits d'une conférence de presse prononcée au Canada, dans Jean Vilar, *Le théâtre, service public*, nrf, 1993, p. 183.

suffisantes à ceux qui, comme nous, le méritent, parce que l'État est cultivé (il aura toujours soutenu les meilleurs).

La crise actuelle, dont Avignon 2003 est le révélateur, est l'effet de surprise sur les acteurs culturels, dont les intermittents sont évidemment la partie la plus sensible et la plus fragile, de découvrir un État qui, tout à coup, ne serait plus ni libre – mais à la solde du Medef (ou des syndicats) –, ni cultivé (c'est-à-dire généreux, silencieux et sagace), mais *culturel* (c'est-à-dire avare, muet et stupide). On continue à se réclamer de l'universel, et on s'entend répondre par le régional. On en appelle au forum, à l'agora, au théâtre-citoyen, et on s'entend répondre : vieilles charrues, bourrée auvergnate, vielle morvandelle, celtitude, occitanie, en bref la France comme un vert manteau de festivals, avec la Roque d'Anthéron et ses pianos comme cerise sur le gâteau, sur le flan, sur la quiche, sur la galette...

On se raccroche alors aux trois signifiants Théâtre, Danse, Musique[1], mais il y a longtemps qu'on a cédé sur ces pratiques, en acceptant que n'importe quoi porte leurs noms et les équivaille. Si on aligne Shakespeare et Astérix, ce n'est pas en effet parce que les « médiocres » auraient lentement pris le pouvoir (vision à la Montherlant : « En prison, en prison pour médiocrité ! »). C'est parce que le processus ci-dessus décrit de la culture et des loisirs en France, l'exception culturelle autrement dit, y conduit invinciblement. Vous n'avez pas besoin d'*otium*, (les Bouillons de Culture y pourvoiront), quant à vos *loisirs*, assistez à des choses *reposantes*, même si elles font du bruit[2].

Le nom de *fête*, d'ailleurs, sert à décliner (festif, festivité, festival) toute activité visant en définitive au repos.

6. Posons l'axiome paradoxal suivant : ce dont le théâtre crève, ce n'est pas des intermittents, c'est des permanents. Revenons à la culture en tant qu'option de l'*otium*. Je parle seulement du théâtre, qui fait partie de la culture en ce sens. Mettez-y aussi la musique et la danse, mais non tout spectacle vivant : défilés de mannequins, jeux télévisés, parades d'Euro-Disney, Tour de France, fabrication d'un plat inédit, installation dans une galerie d'art, etc.

Prenons l'un de ces théâtres de la décentralisation subventionnés par le ministère de la Culture, la Ville, les Conseils Généraux ou Régionaux, que sa mission charge de présenter les (grandes) œuvres du présent comme du passé. L'idéal financier, fixé par le cahier des charges, imposé, mais jamais observé, serait un équilibre à peu près égal entre le budget dit de fonctionnement et celui de la création : la plupart du temps, la part du fonctionnement est de 70%, 80%, voire 90% du budget total : voilà pourquoi un théâtre réaliserait un idéal de rigueur et de modération qui donnerait très peu de spectacles, ne ferait que des accueils, ne créerait rien, se contenterait de fonctionner avec ses permanents, techniciens, comptables, secrétaires, gens de la communication, etc., la plupart avec des contrats à durée indéterminée. Même, les voilà assurés de gagner leur vie toute l'année, en ne travaillant parfois que neuf ou dix mois sur douze, parce qu'en juillet, août, et parfois

1 - Témoin cette déclaration du Forum culturel d'une ville PCF de banlieue (Le Blanc-Mesnil), solidaire des intermittents, annonçant que « le projet de refondation sociale annoncé remet en cause les règles de solidarité entre tous les salariés », et qui ajoute : « Le Théâtre, la danse, la musique et toute autre forme artistique nous offrent plaisir, réflexion, rêve. Ne brisons pas nos émotions ! ». Face aux eaux glacées du calcul capitaliste, le service public se réduit à un rêve bien frileux.

2 - La police saisit le matériel sonore des *rave-parties*, non pas pour ménager l'ouïe des adolescents, mais parce qu'on préfère pour eux des fêtes où ils se reposent au sens traditionnel (le bal du samedi soir) à des séances où ils se détruisent par la drogue, et leur sommeil réparateur à une jouissance hypnotique. Eux choisissent au contraire ce que Milner prête à Proust écrivant *La Recherche* : un *otium* de forçats !

septembre, le théâtre est fermé. Les acteurs, eux, sont dans la nature. Ils sont intermittents. Bien entendu, il y a aussi beaucoup de techniciens intermittents, mais combien peu d'acteurs permanents ! D'où mon axiome, dont la correction serait qu'on diminuât le nombre des intermédiaires permanents pour augmenter celui des acteurs. Ce serait bien le moins dans un théâtre, non ? Mais, direz-vous, vous voulez recréer des troupes ? Eh bien ! oui, pourquoi pas ? Comme du temps de Molière, comme la Comédie-Française (mais c'est une Société de Comédiens), comme avec Jouvet, Barrault, Vilar. Comme, en partie, Ariane Mnouchkine, comme, un temps, Peter Brook, tandis que tous ceux qui tentent de travailler régulièrement avec les mêmes acteurs doivent les renvoyer dans la nature dès la dernière d'un spectacle. Je prends exprès le cas où cet acteur n'a alors aucune autre proposition, et entre dans l'intermittence. Je forge même, si vous y tenez, le cas d'un très grand acteur très peu demandé ! Il va de soi qu'il sera injustement traité en restant intermittent.

Au reste, on invoque sans cesse Vilar, mais on a toujours le Vilar qui vous arrange ! On rappellera à propos cette autre réponse dans l'interview de lui donnée au Canada : « Si nous ne conservons que l'essentiel des dispositions de ce cahier des charges, [qui] constitue le contrat liant le directeur du T.N.P. à l'État, nous voyons que ces obligations se ramènent à :

– l'entretien d'une troupe permanente ;

– la pratique de prix populaires ;

– la nécessité de donner au moins 200 représentations par an à ces prix populaires... »

Certes, les charges du théâtre subventionné ne sont pas celles-là, puisqu'il n'y a guère que la seconde clause qu'il suive encore. Juste pour mesurer combien on est loin du service public d'un théâtre supposé populaire !

7. On pourrait désirer pour ces acteurs, comme pour les techniciens dans le même cas, un statut moins précaire, mais peut-on exiger, comme ce fut le cas dans les pays de l'Est, comme c'est en grande partie le cas en Allemagne, selon les *Länder*, de les affecter tous à un théâtre, à une troupe permanente ? Non, car à ceux qui le désireraient ardemment s'opposent aussitôt ceux qui ne le souhaitent pas, préfèrent jouer tantôt à Paris et tantôt en province, tantôt dans un grand lieu national, et tantôt dans leur compagnie, etc. La question, du moins, mériterait d'être posée, mais elle ne peut l'être, et ne le fut pas au cours de ces conflits, et ne le sera pas, parce que l'intermittence permet la liberté, la fluidité, la souplesse, et... tous les abus : refus de rôles pour garder des indemnités acquises, déclarations en accordéon des employeurs, de connivence avec les employés, jusques et y compris la solution d'attendre chez soi une proposition qui vous agrée et de tirer le plus possible sur la corde des heures payées à ne pas jouer, tant qu'on peut vivre de peu et faire autre chose en même temps, sans rapport parfois avec ce dont on est l'intermittent. La tribu des intermittents subit donc, avec moins de régularité ethnologique, les variations saisonnières des Esquimaux. La France, en outre, ni trop grande ni trop petite, grâce à l'opposition de Paris et de la province, s'y prête. Le Luxembourg, non, et la Russie encore moins.

Le résultat est tout de même une précarité de l'emploi, il est aussi la disproportion entre *fonctionnement* et *création* dans les Centres Dramatiques Nationaux, sans compter les Scènes Nationales, dont la plupart créent plus d'intermittents qu'elles n'en absorbent, car leur programmation n'est pas le résultat d'un projet organique, mais le désir de faire circuler tout ce qui, du spectacle vivant, dans une année, peut attirer le public. « Nous sommes écrasés par le Divertissement », me dit encore un intermittent, à quoi je fais remarquer que, depuis plus de trente ans que le service public défend un répertoire progressiste triste, il aura du mal à arrêter ce retour de bâton, qui désire non pas Aristophane et Feydeau, mais... le divertissement : Royal de Luxe, gratuit, et Euro-Disney, moins cher que la Foire du Trône.

La culture de gauche ayant, par sa longue contribution à l'avènement du Culturel, égalisé Shakespeare et la BD, Mozart et la chanson, Strehler et toute sympathique compagnie de copains, Koltès et n'importe quel atelier d'écriture, en un mot, la charrue et les étoiles, il est naturel qu'on en soit arrivé là où on est, « la corruption dans les encensoirs ». On imagine mal une galerie d'art vendant du Francis Bacon et vantant en même temps les peintres de la Place du Tertre à Montmartre.

8. Mais allons plus loin, sortons de ces réalités et allons aux extrêmes : pourquoi une société (la société, et non pas seulement les travailleurs de l'Unedic) ne se paierait-elle pas des comédiens de grand prix et à grands frais, puisqu'il y va de son divertissement ? On paie très cher le football : clubs privés, finances publiques, salaires à défier l'entendement, sans que personne y trouve à redire. Pour dire seulement ceci : notre société tient plus à ses sportifs qu'à ses comédiens. (Athènes, d'ailleurs, n'a-t-elle pas fini par raisonner ainsi ?) Aussi bien, quel nouveau Bataille convaincra cette même société de travailler dur pour assurer une vie aisée à ses intermittents (au sens où tout comédien est un intermittent par définition), et de considérer cela comme une dépense naturelle, érotique et esthétique : se payer ses bouffons pour plus de jouir, comme les Rois de Shakespeare avaient les leurs !

« Tout comédien sera entretenu aux frais de l'État et considéré comme faisant partie du patrimoine français. Il aura droit au titre de Trésor National Vivant. Il aura un insigne spécial et sera considéré comme intouchable et sacré. Car (axiome de Mallarmé :) Le Théâtre est d'essence supérieure. »

De même : « Tout chanteur... Tout danseur... »

9. Mais non. L'éthique du service public s'y oppose. Jouer est un métier, et les syndicats responsables nous ont assez répété que « ces gens réputés " en marge " sont mariés, ils ont des enfants dans la même proportion que la proportion nationale. Ils se lèvent tôt pour faire du cinéma, de la radio, de la télévision... »[1]. Et l'idéologie du théâtre-citoyen emplit la bouche de nos édiles et de nos dramaturges, qu'ils soient bouffons ou valets, pour aligner le plus possible les artistes sur les travailleurs, à défaut des ouvriers oubliés. Reste qu'il y a tout de même une lichette de contradiction entre l'idéal salarial abstrait propre à la société française et le statut d'intermittent.

10. À l'opposé, il y a les bénévoles du Puits du Fou, qui, conformément à leur logique vendéenne, n'attendent rien de l'État central athée. Que les intermittents et la CGT aient voulu perturber ce Festival est une belle condensation de paradoxes.

« Tout artiste travaillera gratuitement pour son art et ne demandera jamais rien à l'État. » C'est l'idéal du Jongleur de Notre-Dame, qui devrait tout de même rabattre leur caquet aux autres baladins qui affichent dans leurs parades et processions un imaginaire souvent si médiéval !

11. Je forme deux « Pantagruélines Prognostications » :

– L'an prochain, on fera comme si de rien n'était, j'entends sur le terrain. Car rien en France ne doit avoir de conséquences. Avignon sera de nouveau fêté, mais, identifié à un Festival provençal élargi, il devrait ne pas trop se faire remarquer dans le défilé des festivités estivales. La faille aura été profonde, mais à la différence de celle de Californie, elle sera recouverte de passerelles. Aix accroîtra sa mondanité, Avignon, sa convivialité et ils auront tous deux la paix, car on ne perturbe ni les snobs ni Lourdes.

1 - Extrait authentique de *La vie d'artiste*, édité par le Syndicat Français des artistes interprètes, épi, 1974, p. 7-8.

– L'effet de la faille sera donc celui-ci : contre l'art, qui ment, retour à la terre « qui ne ment pas » : pétainisme larvaire de la culture festivalière (c'est Marc Fumaroli qui a rappelé un instant l'origine vichyste de l'idéologie de l'État culturel, et j'ai entendu quelqu'un vitupérer aussitôt contre cette idée : Daniel Lindenberg évidemment !). Et, du côté de l'art, repli sur l'Aventin de quelques artistes solitaires, sinon glacés.

Nous, spectateurs, aurons le derrière entre deux chaises !

12. Il me souvient d'une réunion que nous eûmes, plusieurs Directeurs ou Secrétaires de Centres Dramatiques Nationaux (j'étais alors à Aubervilliers) et d'un Grand théâtre National, avec Jean-Pierre Vincent et en présence de Jacques Toubon vers 1994-95, avant qu'il ne devînt ministre de la Culture, et sachant qu'il le deviendrait. Nous avions fait le tour de la question avec lui, conclu qu'elle constituait l'expérience française, appelée déjà « l'Exception française » sur la question – et qu'il fallait conserver le statut, l'améliorer, savoir quelle serait l'attitude des syndicats, etc. Comme le faisait remarquer Jean-Pierre Vincent récemment, depuis qu'il a lui-même exercé depuis lors une mission de bons offices auprès du Ministère Lang, rien n'a changé. Rien, sauf que les intermittents se sont multipliés, les vrais et les faux. Il s'est développé, disait-il, ce « sous-prolétariat » au statut incertain et précaire, qui fait évidemment plus parler de lui, à cause du spectacle vivant auquel il appartient, que l'ensemble des intérimaires en France (pensez aux vendanges par exemple, qui par définition n'ont lieu qu'en automne, mais n'en concluez pas trop vite qu'un comédien est un vendangeur qui travaille dans ce que Claudel appelait « ma grande vendange de paroles ! »[1]).

Ce problème des abus est donc maintenant mis sur le devant de la scène, abus pour une société encore une fois qui ne veut pas entretenir ses artistes, quand les ouvriers (oubliés) travaillent aussi dur, mais qui peut aisément supporter dans d'autres domaines de bien plus grands abus. Seule une société antique (esclavagiste, donc) pouvait se permettre cette « dépense ».

13. Dans la Grande-Bretagne d'aujourd'hui, où il n'y a pas d'intermittents, peu de troupes permanentes, et très peu de subventions, les acteurs, à l'inverse, doivent être aussi ouvriers pour survivre. Mais l'une des duperies du récent conflit est que, si on connaît les proportions des employeurs et des employés, et, en partie, des abus[2], personne n'a pu ni voulu donner le nombre d'intermittents qui allaient, avec le nouveau protocole, injustement « trinquer », combien justement, quels abus étaient les plus fréquents. Le président de la République lui-même qui a dénoncé l'audiovisuel dans son entretien du 14 juillet, alors que le ministre de la Culture s'était ingénié à répéter le cas d'un coiffeur passé intermittent comme symbole représentatif de l'abus général. Mais peu importe. Tout le monde est d'accord maintenant pour faire le ménage, et on commence donc à chiffrer les abus. Mais combien d'intermittents seront lésés, dans quelles proportions et dans quelles fonctions, c'est, à l'heure où j'écris, encore inchiffrable, et donc, le patronat minimise le nombre des victimes, et les autres l'augmenteront d'autant ! Sauf que je vous en fiche mon billet : ce sont les meilleurs qui paieront pour les pires : ceux qui sont vraiment des acteurs, des danseurs et des musiciens, qui se livrent à

1 - À ce propos, sait-on que les journaliers qui font les vendanges ne sont plus accueillis comme autrefois. Ils étaient logés (dans les granges) et nourris. À présent les viticulteurs les traitent mal. Ils font seulement leurs heures en vitesse et bonsoir ! Avis aux intermittents !

2 - Par exemple, *Le Nouvel Observateur*, semaine du 1er au 16 juillet 2003, *Le Monde* du 23 juillet 2003 : « Les abus et les aubaines du régime des intermittents », de Nicole Vulser : le nombre des intermittents est passé de 41.038 en 1991 à 66.500 en 2001. Le déficit 2002 est évalué à 828 millions d'euros (celui de l'assurance-chômage étant de 3,7 milliards d'euros). 29,7 % d'entre eux travaillent dans l'audiovisuel, 70,3 % dans le théâtre, la musique et la danse.

d'authentiques recherches, ou qui auront accepté de travailler dans un spectacle difficile et rare, ne s'en sortiront pas. Mais les strip-teaseuses n'auront pas à se rhabiller et Mickey retombera sur ses pattes[1].

14. Personne cependant n'ose défendre l'idée qu'il faudrait payer les acteurs à ne jouer que rarement dans une année, et à passer le reste à s'exercer dans l'un des métiers les plus difficiles du monde (car jouer est une tâche infinie) – pour la raison qu'en France, l'acteur ne s'exerce pas (qu'il incarne Mickey à Euro-Disney ou Titus à la Comédie-Française, la seule réponse qu'exigent de lui les médias : « C'est l'instinct ! c'est l'instinct ! », comme le répétait à l'envi Annie Girardot dans l'émission de télévision de Bernard Rapp, qui est à « Actors Studio », de James Lipton, aux États-Unis, ce qu'est l'*Antigone* d'Anouilh à celle de Sophocle – et la preuve en est que cette même télévision fabrique maintenant à coups de *Shows* et d'*Academies* acteurs et chanteurs en direct à tire-larigot), il a bien fallu que tout le monde fût d'accord sur l'usage des deniers des salariés concernés, depuis le patron le plus sauvage du Medef jusqu'au plus mal payé des intermittents : sauver le statut, régler la quantité des heures, sans calculer les conséquences, sans la moindre explication claire sur le résultat. Le désaccord porte justement sur les quantités, mais là-dessus, vous ne saurez rien. Il y a un tacite accord pour ne rien dévoiler au public, comme les larrons à la foire.

15. On aurait pu imaginer moins de raideur de la part du Medef – mais la droite patronale est raide (même Jean-Louis Debré l'a dit !), moins d'impostures de la part de certains syndicats – mais le syndicat CGT qui, débarrassé du PCF moribond, joue maintenant son va-tout dans les luttes sociales, menacé sur sa gauche par autant d'inorganisés (qui commencent d'ailleurs à s'organiser), se doit à tout prix de garder ses places aux tables des négociations, et, sinon, « dans la rue », ou du moins, dans ses rues habituelles ; et souhaiter moins de complaisance misérabiliste de la part des intermittents. « Vous voulez une police propre », nous disait Lacan après 1968, pourquoi ajoutent-ils aujourd'hui : « et des patrons généreux ».

On est donc dans la gestion de tous côtés. Soit. On y est pour longtemps, puisque l'État va faire en sorte de « corriger » les effets trop injustes du nouveau protocole. Mais on voit mal quels artistes émérites laissés pour compte par le nouveau statut trouveront une oreille compatissante Rue de Valois : « Je jouais Donald, Mickey a eu ses heures, moi je suis à la rue, dédommagez-moi. » Mais aussi : « J'ai joué les *Paravents* une seule fois, car il n'y eut qu'une représentation, conformément au désir de Genet, dédommagez-moi ! » Ou encore : « J'ai pu jouer *Les Côtelettes* quatre cents fois cette année (donc, jusqu'à deux et trois fois par jour les week-ends), dédommagez les intermittents en prenant sur mon salaire. »

16. Crise d'autant plus inattendue que, je ne suis pas seul à le penser (la critique l'a souligné, j'ai entendu Jean-Pierre Vincent le dire, etc.), l'année théâtrale a été florissante, inventive, variée, et souvent... joyeuse. Sans parler de quelques pièces de théâtre auxquels leurs metteurs en scène auront eu la bonne idée de m'associer (Brigitte Jaques-Wajeman, Emmanuel Demarcy-Mota), je me réjouis d'avoir vu, souvent par des

1 - Je n'ai pas nommé les techniciens, mais il est vrai que le statut d'intermittents, qui ne s'applique ni aux auteurs, ni aux traducteurs, ni à quoi que ce soit qui se compose ou s'écrive (et il ne faut pas croire que tous, là-dessus, vivent aisément de leurs droits d'auteurs !), s'applique aux techniciens, y compris aux ouvriers spécialistes du montage des gradins pour les spectacles. À ce compte, votre plombier, que vous n'appelez pas tous les jours, aussi. Voir aussi l'article de Nicole Vulser, « Le dramaturge et le poseur de moquette », dans *Le Monde* du 23 juillet. Et, même page, voir son article : « Les abus et les aubaines du régime des intermittents » : « Une danseuse de *peep show*, un mannequin, une chorégraphe, un réalisateur, un chef opérateur, un animateur de parc de loisirs, un torero, un clown, un trompettiste... ils n'ont en commun que d'appartenir au régime des intermittents du spectacle. » Etc.

troupes étrangères, la plupart du temps dans le service public, mais aussi dans quelques théâtres privés, de très belles choses : artistes hongrois, lituaniens, hollandais, anglais, allemands, italiens, russes... Mais aussi des poètes de la langue (je ne veux pas oublier Cadiot), ou de la scène. Sans parler d'Isabelle Huppert dans *4.48 Psychose* de Sarah Kane, etc. De dix à vingt soirées heureuses, je vous le jure !

Alors, pourquoi ces pouvoirs publics obtus ? Pourquoi cette dialectique en trompe-l'œil d'appareils entre patronat et syndicats[1] ? Pourquoi ces intermittents abaissés ?

Réponse : parce que maintenant la contradiction est à vif entre demande de culture et désir d'art.

17. Plusieurs philosophes et journalistes se sont interrogés, en ce début de l'été, après le traumatisme d'Aix et d'Avignon, sur cette question de la Culture supposée être une dépense inutile, sur l'Art en tant qu'il s'excepte de la culture – selon la formule de Jean-Luc Godard – sur la Société du Spectacle. Qu'on m'autorise à reprendre un propos exposé ailleurs : de même que le secret de l'Église, c'est qu'il n'y a pas de Purgatoire, le secret de la Culture, c'est qu'il n'y pas de Société du Spectacle. Pas la moindre. Quel lecteur de Lacan, qui aura un tant soit peu mis son nez dans ce qu'il en est, selon lui, du regard (et de la voix), pourrait croire un seul instant à une idée aussi funeste – le dernier axiome secret feignant de sauver les arts par en haut, mais effectuant lui-même, malgré les apparences, le rabattement de l'*otium* sur les loisirs, et du loisir sur le repos : regardez-les qui se regardent se reposer !

Quant au spectacle en tant que tel, « Quel spectacle ! dit Faust. Mais hélas ! ce n'est qu'un spectacle ! ». L'idée de Société du Spectacle est une idée performative (qui décide de mettre le spectacle où elle veut, c'est-à-dire partout), supposée dénoncer ce qu'en réalité elle promeut : *l'idée* de spectacle dont le principe est d'en finir avec le théâtre (parce qu'il est « d'essence supérieure »), avec la danse, en tant qu'elle est anonymat du corps (thèse encore de Mallarmé[2]), avec la musique elle-même, en tant qu'elle ne cesse pas de s'écrire. Une fois ces arts abolis par ce nihilisme, reste le Spectacle, C.Q.F.D. Le cinéma résiste mieux.

Il est donc clair que la plupart des manifestations qui auront été mises en question au cours de cet été, selon un consensus qui va bien au-delà des clivages sociaux et politiques, c'est exactement ceci : au nom du Spectacle en finir avec le théâtre, la danse et la musique. Au mépris des Festivals encore fondés sur eux, sauver les Festivals qui les abolissent. Et pourtant Dieu sait si le Festival d'Avignon battait de l'aile il y a peu : il commençait tout juste à se renouveler grâce à des apports étrangers. Ceux-ci en seront pour leurs frais.

Le prochain candidat socialiste à l'élection présidentielle devra reprendre l'affiche « La force tranquille » de François Mitterrand, mais y promettre « La culture tranquille » en substituant à l'église de village un chapiteau festivalier.

Il arriva un temps où on célébra de moins en moins les Grandes Dionysies d'Athènes, et à la fin du IVème siècle, on les vit disparaître. Le théâtre s'effrita. On lui substitua sans doute des revues pour les gladiateurs. En vérité, nous en sommes là. En termes lacaniens : au nom du service des biens, on demande aux artistes de céder sur leur désir. – *31 juillet 2003*

1 - Aux dernières nouvelles, les coordinations des intermittents veulent devenir une institution reconnue pour faire pièce à la mainmise des syndicats, elles se regroupent donc selon les régions. Une intermittence régionaliste ? Hum !

2 - Voir Alain Badiou, « La danse comme métaphore de la pensée », dans *Petit manuel d'inesthétique*, Seuil, 1998. « Obligation de l'espace, anonymat du corps, omniprésence effacée des sexes, soustraction à soi-même, nudité, regard absolu. » Tout le contraire de la danse française contemporaine.

CATHERINE DENEUVE JOUE « MARIE BONAPARTE »

Téléfilm de Benoît Jacquot

PAR LOUIS GARDEL

LE PROJET ? IL EST NÉ AVEC CATHERINE DENEUVE, que j'aime beaucoup, pendant le tournage d'*Est-Ouest* à Sofia. J'avais déjà écrit le scénario de deux films dont elle est l'actrice, *Indochine* et *Fort-Saganne*. On parlait beaucoup, et je lui ai demandé pourquoi elle ne faisait jamais de séries télévisées haut de gamme : « On me propose toujours, me dit-elle, des adaptations de livres canoniques comme *Le Rouge et le Noir*, alors que je voudrais un sujet original. »

Je lui ai parlé de psychanalyse, parce que je sais qu'elle s'y intéresse. A-t-elle fait une psychanalyse personnelle, je l'ignore. Or, le hasard des choses fait que mon épouse a connu Marie Bonaparte quand elle était petite fille.

Le père de ma femme était le fils d'Alexandre Millerand, le président de la République. Jacques Millerand était magistrat, et il a jugé le premier procès intenté aux psychanalystes par les médecins, sur le point de savoir s'il fallait la qualification médicale pour pratiquer la psychanalyse. Mon beau-père a donné raison aux psychanalystes. Or, Marie Bonaparte était leur porte-parole, et s'était beaucoup agitée dans cette affaire. Le procès fini, elle a sympathisé avec Jacques Millerand, homme cultivé et intéressant, que j'ai un peu connu. J'avais donc entendu parler de Marie dans ma belle-famille, comme d'un personnage familier et haut en couleur, et j'avais lu des choses sur elle. Elle avait quelque chose d'un peu farfelu dans la vie courante. Mon beau-père disait : « Elle est charmante, mais un peu toquée. »

Elle avait beaucoup d'entregent, et tous les culots du monde. Un peu snob, peut-être. Elle réunissait autour d'elle à Saint-Cloud des gens qui ne se laissaient pas embarrasser par les convenances. J'avais donc une vision de Marie, très partielle, mais vivante. J'avais aussi à la maison tous ses livres dédicacés dont elle avait fait don à mon beau-père, et aussi à ma femme qui avait huit ou neuf ans quand elle connut Marie.

Je me suis donc mis à parler de Marie à Catherine. J'ai commencé à lui raconter des souvenirs et des anecdotes amusantes comme celle-ci, dont je me suis servi pour la fin du film, qui est arrivée à ma femme. C'était peu après le couronnement de la reine d'Angleterre dont Marie était la cousine par alliance – elle avait d'ailleurs élevé Philippe d'Édimbourg. Marie avait naturellement été à la cérémonie. Hélène, ma future femme, alors âgée de huit ans, l'avait regardée sur un tout petit poste de télévision. Et le lendemain, sans qu'elle ait rien demandé, Marie l'a emmenée dans son *dressing room* et l'a revêtue de sa robe de bal, de son manteau d'hermine, et de son diadème. Hélène est sortie de cette séance mémorable en disant : « Plus tard, je veux être psychanalyste. » Ce qu'elle fit.

J'ai parlé à Deneuve du livre que Marie a consacré à son époux, Georges de Grèce, *Le vieux compagnon*. Je lui ai aussi raconté comment elle avait été un jour à Londres à Buckingham Palace pour le mariage de Marina de Grèce, au milieu de tous ses alliés princiers. Le soir même, elle faisait une communication à la Société de psychanalyse de Londres sur la sexualité féminine, dans laquelle le moins qu'on puisse dire est qu'elle ne mâchait pas ses mots. Elle raconta l'histoire à Freud, qui s'en amusa fort : « Si les gens du matin m'avaient vue le soir et ceux du soir le matin, ils se seraient dit, " Ou cette femme est folle, ou il y en a deux. " » C'est, je crois, cette façon d'assumer à la fois son côté Altesse royale et son côté psychanalyste, qui a emporté le morceau, et fait dire à Catherine : « Ça, c'est formidable. »

Le mari était aussi un personnage. Non seulement il n'avait pas un goût démesuré pour les dames, mais il était passionnément amoureux de son oncle Waldemar, un prince danois. Amour platonique, peut-être, mais le tonton était si présent que les enfants de Marie l'appelaient « Papa two ». Car ils eurent tout de même deux enfants. Elle a raconté que, le soir de leur nuit de noces, son mari avait passé un très long moment avec Waldemar – sans doute prenait-il du courage pour affronter la vierge – et ayant accompli son devoir, lui avait dit : « Je déteste cela autant que vous, mais nous y sommes bien obligés. »

Je ne sais pas très bien ce que le fils est devenu. Quant à Eugénie, sa fille, elle a épousé un prince Radziwill, en a divorcé, et s'est remariée à un prince Tour et Taxis. Tout cela peut se lire, et elle l'a raconté à Freud.

Une grande névrose, une curiosité intellectuelle insatiable, une énorme capacité de travail, et une exigence de liberté que bien des féministes pourraient lui envier, telle était Marie. « Ce que je veux maintenant, c'est acquérir ma liberté de femme », voilà ce qu'elle a dit à Freud d'entrée de jeu. Elle a ajouté : « Et d'homme, enfin je veux dire d'être humain. » Et Freud a engagé la partie en disant : « " Homme ", c'était bien dit. »

Marie n'a pas cessé de combattre pour sa liberté, mais elle n'a jamais rompu avec son milieu ni manqué à ses devoirs d'État. Elle était extrêmement riche. Elle a milité pour la libération des femmes avant l'heure, même si son combat n'était pas politique à proprement parler. Elle a beaucoup écrit sur la sexualité féminine, et Freud lui a d'ailleurs dit : « Peut-être saurai-je un jour grâce à vous ce que veut une femme. »

Freud aimait bien être entouré de jolies femmes, Lou Salomé, etc., mais je crois qu'il a vraiment eu une tendresse particulière pour Marie. Elle le bluffait un peu par sa liberté de ton et d'expression. Elle ne bluffait pas le psychanalyste, mais l'homme, le petit bourgeois, elle qui, par sa naissance et sa fortune, était à l'opposé. Elle avait un toupet que Freud n'avait pas, c'est certain, une façon d'asséner la vérité brute, quoi qu'il en coûte, au mépris des convenances dont elle savait le poids mieux que personne.

Elle a aimé Freud, elle a été amoureuse de lui, et lui a déclaré son amour, à quoi Freud a répondu en riant : « Je suis un très vieil homme, tout ça est charmant mais enfin... » Le transfert paternel a donné lieu à des scènes presque comiques. Le père de Marie l'appelait Mimi quand elle était petite, et elle dit à Freud : « Appelez-moi Mimi, comme mon père. » – « Mais je ne suis pas votre père. » – « Si, vous êtes mon père, en mieux. »

Donc, c'était un rapport à la fois de coquetterie et de complicité intellectuelle. Freud s'est servi d'elle, Marie le savait. Elle a utilisé ses relations mondaines pour établir la cause de la psychanalyse en France, ce qui n'était pas simple. Cela s'est fait sur le fond de sa fascination amoureuse, intellectuelle, et filiale, pour Freud. Elle lui disait : « Non seulement vous êtes le plus grand génie de notre temps, mais vous êtes le plus grand génie de tous les temps, vous révolutionnez la pensée », et elle était sincère. À la fin, elle a dit des choses admirables à Freud, comme celle-ci : « Je ne remercierai jamais assez le ciel auquel je ne crois pas d'avoir été votre contemporaine. »

Le téléfilm qui est en cours de tournage aura deux parties : dans la première, Freud sauve Marie de ses névroses ; dans la seconde, Marie sauve Freud du nazisme.

Première partie : Marie pense qu'elle est frigide. Elle s'est fait opérer à trois reprises. Bizarrement, Freud l'engueulait, mais pas si fort qu'on pourrait le penser. J'avais dit à Catherine : ces opérations sont un aspect du personnage qui est assez délicat, à la télévision ce n'est pas du tout facile de parler de ça, et puis ce n'est pas une preuve de grande intelligence de la part de Marie. Deneuve m'a dit : « Pas du tout, c'est très intéressant, je veux qu'on en parle. » Donc, j'ai commencé le scénario du film par cette scène : Marie est en face du chirurgien, et lui dit : « Expliquez-moi en détail ce que vous allez faire, et utilisez les mots qui conviennent, les mots ne me font pas peur. » Elle obtient qu'il fasse un schéma et le lui explique. Elle n'a jamais raconté en détails son opération, mais j'ai fini par savoir qu'il s'agissait d'une suturation supposée rapprocher le clitoris du méat urinaire. Elle pensait que sa frigidité relevait d'un truc physiologique mal fichu, mais la chirurgie a quand même échoué. Elle avait voulu faire de la médecine quand elle était jeune, mais son père l'en avait empêchée.

Son enfance avait été atroce. Sa mère est morte quand elle était toute petite, en faisant d'elle sa légataire universelle. Si l'enfant mourait, toute la fortune retournait dans la famille maternelle, ce qui n'était pas du goût du prince Roland Bonaparte, père de Marie. Marie a donc été couvée, elle avait sans cesse une armée de gouvernantes à ses trousses pour l'empêcher de sortir, et même de se laver les mains à l'eau froide, de peur qu'elle ne s'enrhume. Sa grand-mère paternelle était une sorte de monstre écrasant, à qui elle vouait pourtant une grande admiration. Elle raconte des choses effroyables à Freud sur sa grand-mère, et puis après elle dit : « Vous savez, je ne la détestais pas », et Freud lui dit : « Oui, oui, je sais, vous ne la détestez pas ».

Son seul recours était l'étude. Il y a des textes magnifiques où elle dit comment, dès l'âge de cinq ans, elle s'était mis dans la tête qu'elle allait mourir très jeune, comme sa mère. Sa mère était une parvenue absolue, dont le nom de jeune fille était Blanc. Elle était devenue Bonaparte par son mariage avec le prince Roland. Dans la famille Blanc, c'étaient de vrais truands. Le père et le frère de sa mère avaient monté les bains de mer de Monaco, c'est-à-dire les jeux. Je crois qu'ils avaient commencé comme garçons de café. Marie était la plus grosse héritière d'Europe, d'un argent gagné très vite, et pas blanc du tout. D'ailleurs, elle n'avait pas le droit de prononcer le mot « blanc ». Elle raconte qu'elle avait un petit chien qu'elle avait appelé Blanc, elle l'appelait même Blanc-Blanc, ce qui faisait hurler de fureur sa grand-mère Bonaparte.

Elle raconte qu'elle avait fini par croire, et ce n'était peut-être pas complètement faux, que le côté Bonaparte, sa grand-mère et son père, avait tué sa mère, pour l'argent. Il y a même eu des allusions dans les journaux au crime des Bonaparte, et au fait qu'elle allait peut-être bien y passer, elle aussi. Elle a d'ailleurs été toute sa vie fascinée par les assassins, et elle disait de son grand grand-oncle Napoléon : « Quel assassin phénoménal ! » Pendant très longtemps, elle-même a cru dur comme fer que sa grand-mère paternelle avait tué sa mère, et la tuerait à son tour. En même temps, elle trouvait cette grand-mère assez formidable de pouvoir aller jusqu'au crime. Elle a gardé cet intérêt pour les assassins toute sa vie. Au moment de la condamnation de Caryl Chessmann à la chaise électrique dans les années 50, elle a téléphoné à Eisenhower pour obtenir sa grâce. Elle a étudié plusieurs cas d'assassins à la lumière de la psychanalyse, et elle disait : « Nous les Bonaparte, nous sommes une famille d'assassins. » De fait, son grand-père a assassiné quelqu'un. Elle disait : « C'est mon côté corse. »

Son seul recours était le travail intellectuel. Il y a des lettres d'elle, magnifiques, où elle raconte qu'à cinq ans, pensant qu'elle allait mourir, elle montait dès l'aube à son cabinet de travail, en haut de l'hôtel particulier. Elle y avait des tas de livres pour travailler : « J'apprenais, j'apprenais, c'était un bonheur immense. » Elle avait énormément lu, toutes sortes de livres, de littérature et de science. C'est ça qui a tant plu à Freud. Elle avait ce côté bœuf de labour, un peu désaccordé de son côté mondain. Elle a traduit Freud, bon, pas très bien, mais enfin, c'est quand même la première traduction, et Freud était très content. Elle s'est passionnée pour l'ethnographie, pour la sociologie, pour la médecine. Elle était toujours en train de monter des expéditions. Après la mort de Freud, elle a vécu en Afrique où elle a continué de travailler, fait de la sociologie et de l'ethnologie sur le terrain. Elle a développé aussi un petit côté bas-bleu.

J'ai dû condenser en un la série de ses séjours à Vienne qui furent entrecoupés de nombreuses allées et venues. Très *jet set*, Marie passait son temps à traverser l'Europe et le monde, au grand dam de son mari, qui était toujours seul à la maison pour recevoir les Altesses royales.

De patiente, elle est donc passée très vite au stade de confidente de Freud, puis de toute la famille. Très proche d'Anna, elle était l'amie de Madame Freud, et aussi celle de la belle-sœur de Freud, qui avait tant d'importance. À peine devenue une familière de la maison, elle a très vite proposé à Freud de traduire le « Léonard de Vinci », qu'elle a publié chez Gallimard.

Je suis passé un peu vite sur la femme de pouvoir qu'elle était indéniablement. Je crois que Lacan l'appelait la cuisinière. Il paraît qu'il la détestait. Elle prétend qu'il avait programmé exprès une réunion psychanalytique importante à Paris le jour du couronnement de la reine d'Angleterre. Elle ne l'aimait pas non plus, et je crois qu'en effet, il n'y avait pas place pour eux deux dans le même marigot. Mais elle avait été le porte-parole officiel de Freud, elle continuait de régner. Ça agaçait d'ailleurs beaucoup de monde.

Elle a été une mère très attentive et désastreuse pour ses enfants. C'est elle qui a imposé Max Schur à Freud. J'ai essayé d'écrire des scènes qui rendent bien la façon dont elle a veillé avec Anna sur la santé de Freud. Elle a joué aussi un grand rôle pour les « Lettres à Fliess » qu'elle a retrouvées, rachetées et qu'elle n'a pas voulu rendre à Freud. Elle osait lui tenir tête. Anna l'a un peu aidée aussi, j'évoque ces tensions, ces conflits.

Par exemple, elle a mené une vie un peu irrégulière, elle a eu un amant, puis un autre plus jeune, et Freud l'a nettement engueulée, en lui disant : « Maintenant vous êtes une psychanalyste, et votre comportement dessert la cause de la psychanalyse », en gros rangez-vous un peu, quoi, arrêtez. Elle lui a répondu très brutalement qu'il n'était qu'un imbécile qui ne comprenait rien, qu'il n'avait rien à dire, et qu'elle assumait totalement, et que si c'était comme ça, elle allait tout laisser tomber et faire sa médecine, et qu'elle n'était pas entrée en psychanalyse pour être nonne. Ça a été violent. Elle est partie en claquant la porte. Puis elle s'est excusée, et Freud lui a dit : « Je vous ai appris à résister, vous résistez, je suis très content. »

Pour en venir à la dernière partie, dès qu'elle a appris que les Allemands entraient dans Vienne, elle s'y est précipitée. Sa fille allait se marier, mais elle a tout laissé tomber. Elle avait déjà fait des pieds et des mains pour essayer de convaincre Freud de partir, mais il ne voulait rien savoir. Il disait tout le temps : « Mais non, les nazis autrichiens sont très gentils, ils sont très brouillons, il ne se passera rien. Et d'ailleurs, vous savez, ces réunions de grands fous autour de Hitler, il paraît que c'est formidable. » Son premier travail fut de convaincre Freud de partir. Ce fut très difficile, il ne voulait pas.

Il a commencé par dissoudre la Société de psychanalyse, elle l'a aidé à assister à ça, en pleurant comme une Madeleine. Puis, il a dit à Anna, à sa femme et à Marie : « Partez, moi je reste », sur le thème « je suis un vieil homme malade, je ne partirai pas ». Alors, Marie s'est bagarrée pour le convaincre. Elle lui a dit : « Vous n'êtes pas seulement un vieil homme malade, vous êtes Freud, et Freud ne peut pas rester un otage des nazis, ce n'est pas possible. »

Ils se sont bagarrés jusqu'à l'arrestation d'Anna par la Gestapo. Alors, Freud a eu vraiment très peur. Marie a failli monter à la Gestapo, elle voulait libérer Anna en se faisant arrêter, elle, pour faire un vrai scandale. Je crois que c'est l'ambassadeur de Grèce qui l'a retenue, ou c'est Max Schur. Anna a fini par rentrer, et à ce moment-là, Freud a accepté de partir. Marie a fait une scène un peu comique après l'arrestation d'Anna. Elle était venue en douce avec ses fourrures s'installer devant la porte de Freud, sur l'escalier. La bonne l'a vue, et lui a apporté de la soupe. Freud a fini par se rendre compte qu'il se passait quelque chose de bizarre, la bonne n'était pas là, elle ne servait pas à table. Il a fini par sortir sur le palier, il a trouvé Marie installée là, et il lui a dit : « Mais qu'est-ce que vous faites là, Princesse ? » – « Je monte la garde. » – « Vous montez la garde ? » – « Mais oui, vous comprenez, ils ont arrêté Anna, donc ils peuvent venir vous arrêter, vous. » – « Et si la Gestapo arrive, qu'est-ce que vous allez dire ? Vous allez leur dire, " je suis la princesse de Grèce, je m'appelle Bonaparte, je connais le monde entier, laissez-nous passer " ? » – « Oui, c'est à peu près ce que je leur dirai. » Alors Freud l'a fait entrer, et il a dit : « Je pars. »

À partir du moment où il a accepté de partir, il voulait partir avec dix-huit personnes. Alors, elle s'est occupée des visas, de payer les Allemands, de récupérer le testament. Elle a téléphoné à Franklin Roosevelt, elle a mis le monde entier dans le coup, presque trop d'ailleurs, parce qu'à un moment, c'est quasiment devenu une affaire d'État. D'ailleurs, elle a dit : « La liberté de Freud est une affaire mondiale. »

Elle l'a amené à Paris, et elle l'a filmé avec sa caméra Pathé-Baby dans son jardin. Puis elle est allée l'installer à Londres avec sa famille, et elle lui a rendu longuement plusieurs fois visite avant sa mort. Avant de mourir, Freud lui a dit que ses cendres seraient dans le vase grec qu'elle lui avait offert. Je termine le film là-dessus.

À Maresfield Gardens, Marie est partout, avec son mari, le prince Georges de Grèce. Le temps passant, elle s'était réconciliée avec lui. Elle a écrit ce très beau texte d'apaisement dont je vous parlais en commençant, où elle pardonne tout à cet homme qui n'a rien compris à ce qu'elle était. Au début, il avait considéré Freud comme le diable, il était scandalisé quand elle a traduit le « Léonard », scandalisé par les horreurs qu'on colportait sur le grand homme, et il avait dit : « Je refuse que mon nom et celui de mes enfants soient associés à ces ignominies. » Et elle avait rétorqué : « Ne vous inquiétez pas, je signerai Bonaparte. » Elle n'a jamais cédé. Et puis, le temps passant, Freud et Georges de Grèce sont devenus assez amis, assez proches. Je pense que Georges était un homme pas très intelligent, mais il s'est rendu compte que Freud n'était pas le charlatan ignoble qu'il avait cru. Il était surtout très choqué par toutes les choses sexuelles, avec les réflexes de sa classe et de son temps. Mais il a dû se rendre compte chemin faisant que Freud était un homme tout à fait convenable. Ça s'est d'autant mieux passé que le prince n'avait pas du tout lu ses œuvres.

Dans la seconde partie, il y a donc beaucoup plus de mouvement. Ce n'est pas un film policier, mais presque, il y a des arrestations, et Marie là, au milieu, déchaînée, secouant Freud, et pleurant. Elle se rendait bien compte qu'il allait disparaître, et pour elle, c'était assez atroce.

Voilà ce qu'on a fait. On a voulu faire un film qui ne soit pas trop ennuyeux pour les gens qui s'intéressent peu à ces problèmes. Sans doute est-ce une approche extraordinairement légère de la psychanalyse, mais j'ai essayé d'être le plus proche possible de ce qu'a été concrètement l'analyse de Marie par Freud. Il parlait, intervenait beaucoup. Ça pourra paraître grossier aux spécialistes, mais j'ai essayé de n'être ni caricatural, ni trop didactique. Peut-être ne l'ai-je pas été assez d'ailleurs, mais Benoît m'a dit : « Non ça va, et puis, s'ils ne comprennent pas, tant pis. » Il y a des choses comme le transfert, vous savez, moi je ne suis pas du tout spécialiste, et beaucoup de gens n'ont aucune idée de ce que ça peut être. Cela dit, c'est une coproduction avec des chaînes étrangères, mais, pour la France, c'est *Arte* qui assurera la première diffusion. On peut donc imaginer qu'il y aura des gens qui sauront. Mais il y aura aussi ceux qui vont regarder parce qu'il y aura Catherine Deneuve.

Freud est formidable, c'est Heinz Bennent. Il jouait avec Catherine Deneuve dans *Le dernier métro*. J'ai vu des rushes la semaine dernière, il a une voix magnifique, avec la pointe d'accent germanique qu'il faut. Benoît m'a dit : « Il se prend pour Freud, il a déjà un cancer à la mâchoire. » La voix de Freud, pour moi qui ne l'ai jamais entendu, bien qu'elle ait été enregistrée, maintenant, c'est celle de Heinz.

Dans la toute première scène, Marie en fait beaucoup, et Freud ne dit rien. Puis, j'ai fait une petite scène où Anna rentre pour faire corriger à Freud des épreuves, et il lui dit : « C'est une mondaine, et, je le crains, très envahissante. » Marie débarque et lui dit : « Vous êtes le plus grand homme, j'ai tout lu de vous. » – « Tout lu, vraiment ? » – « Si vous voulez vérifier, interrogez-moi. » Elle lui demande de la prendre en analyse deux fois par jour. Il lui répond : « Écoutez, Princesse, j'ai beaucoup de patients, je suis vieux, malade, j'ai beaucoup de travail, même pour vous, Princesse, c'est non. » Et puis : « Je vous attends, Princesse, demain à trois heures. » Et Marie : « Vous me faites le plus beau cadeau de ma vie, est-ce que je peux vous embrasser ? » – « Non. » C'est la réponse du psychanalyste, mais on a l'impression que l'homme, lui, est séduit. L'acteur est vraiment fort, le regard est très fascinant.

Alors, bien sûr, le fait que Marie s'appelle Bonaparte encourage toutes les méconnaissances et les malentendus. Catherine avait peur de ça, mais « Princesse Marie » est une marque de sous-vêtements suisses, alors ça n'allait pas non plus. Je suis sûr qu'il y a des quantités de gens qui vont penser qu'il s'agit d'une sœur de Napoléon.

Marie avait écrit des cahiers quand elle était petite fille, qu'elle a donnés à Freud. Elle les appelait « mes tristesses ». Elle avait des problèmes sexuels évidents. Petite fille, elle avait eu la crainte qu'on lui enfonce des chandeliers dans la gorge, Freud lui a dit : « Le symbole est tellement gros que je ne vais même pas m'intéresser à ça, mais que s'est-il précisément passé ? »

Elle lui parlait tout le temps d'un de ses oncles qui vivait à la maison comme une espèce de domestique. Il s'appelait Pascal, il était là tout le temps, elle n'a pas su tout de suite que c'était un frère adultérin de son père. Elle l'a raconté à Freud, qui lui a dit : « C'est sûrement la faute à Pascal. » De fait, l'oncle Pascal courtisait toutes les femmes de chambre, et il s'occupait aussi des chevaux. Marie décrivait les femmes de chambre avec une tête de cheval, et Freud lui a dit : « Vous avez vu ça. Ça s'est passé dans votre chambre », ce qu'elle a accueilli avec une immense colère. Elle est rentrée à Paris, s'est précipitée chez le vieux Pascal qui ne voulait rien dire, puis il a finalement avoué que c'était vrai. Tout ça se mêlait à ses craintes d'empoisonnement, le vers de gris des chandeliers, le sirop de Flon, et en effet, Pascal lui a confirmé qu'il faisait l'amour avec les femmes de chambre devant elle, et on lui donnait ce sirop pour qu'elle dorme. Elle avait aussi inventé un monstre qu'elle avait appelé le « *serquintuer* » que Freud a démonté lettre par lettre, ce qui l'a tout de même bluffée. Freud l'a envoyée voir un psychiatre qui lui a présenté une malade qui ne cessait pas de se laver les mains. Marie a fait une hypothèse sauvage et scandaleuse sur la cause de ce symptôme, elle a dit que la malade rêvait de caresser les génitoires de son père. Rien ne lui faisait peur, mais elle ne faisait pas de la provocation non plus, elle était beaucoup trop « premier degré » pour ça.

Avec Madame Ruth Mack, qui était aussi une grande admiratrice de Freud, et qui fut très jalouse de Marie au début, elle avait des conversations extraordinairement crues sur la sexualité féminine, parce que Ruth Mack pensait que l'onanisme était la seule chose vraiment intéressante. On les voit toutes les deux chez Sacher à Vienne, élégantes et se disant des horreurs. Marie disait que Freud lui-même en était presque choqué. Les gens prenaient ça pour de la provocation, mais elle avait la certitude d'être scientifique, en appelant les choses par leur nom. D'où une incompatibilité avec Lou Salomé.

J'ai acquis beaucoup de sympathie pour Marie. Je suis très admiratif, je pense que c'est une femme vraiment courageuse. Ce que je trouve beau dans le personnage, c'est qu'elle a acquis sa liberté, mais sans jamais trahir ses devoirs. Elle a tout assumé, comme elle était, sans jamais se brimer. À quoi Catherine me répond : « Je déteste les femmes de devoir. »

Mais ce n'est pas cela. Marie a simplement tenu compte des autres. Georges, son mari, l'énervait, mais elle le comprenait. Marie respectait les personnes. Elle voulait divorcer, mais Georges de Grèce ne pouvait pas divorcer. Elle ne l'a pas envoyé paître, elle s'est arrangée pour ne pas le mettre dans une situation trop gênante, sans renoncer pour autant à ce qu'elle voulait faire.

Freud lui a dit assez vite : « Votre frigidité, on s'en fiche, est-ce que la sexualité, c'est si important que ça ? Ce qui compte pour nous tous, c'est la liberté intellectuelle, et ça, vous l'avez. » Je trouve ça assez beau. C'est un type tellement extraordinaire, Freud, tellement extraordinaire. Le plus beau mot, je l'ai mis là, est dans une lettre, juste après l'invasion, il écrit à je ne sais qui une phrase où il dit : « Le plus dur pour moi, c'est que maintenant, il va falloir penser la politique d'un point de vue juif. Mais comment faire autrement ? »

Ça, c'est magnifique, parce que ça montre que cet homme avait la volonté de ne se laisser aliéner par rien, même pas, peut-être surtout pas, par son identité juive. Lui aussi était courageux.

Propos recueillis par Nathalie Georges pendant le tournage

La première diffusion du téléfilm est prévue au printemps 2004.

MANQUE DE REPÈRES

PAR JEAN-LUC NANCY

CES QUELQUES LIGNES N'ONT PAS ÉTÉ PROPREMENT ÉCRITES : elles proviennent d'une intervention faite dans l'assemblée du CIEN, le 14 juin 2003, à laquelle m'avaient convié Philippe Lacadée et Ariane Chottin ; le motif du « manque de repères » provenait d'un texte de Philippe Lacadée préparatoire à cette journée ; l'obligeance d'Isabelle Rebre, qui m'a confié les notes qu'elle avait prises, m'a permis de reconstituer un propos, sans chercher à lui donner l'allure d'un texte.

L'absence de repères, telle qu'on l'évoque souvent aujourd'hui à propos des « jeunes » – ou des moins jeunes – n'est pas une situation relative et transitoire. C'est une situation absolue au sens où elle correspond à un changement historique : elle répond à un changement de civilisation par lequel nous sommes en train de passer, et par conséquent le premier réflexe devant ce brouillage des repères ne doit pas être de vouloir les récupérer, ni de vouloir en retrouver de déjà disponibles, ni même de vouloir – d'abord – se repérer en général.

Au CIEN, si j'ai bien compris, vous ne cherchez pas à ramener ou à retrouver des repères. Il ne faut pas le faire, en effet, car nous devons apprendre à quel point nous sommes dans une mutation de civilisation.

Et il faut commencer par comprendre dans quelle mesure notre civilisation occidentale procède déjà, elle-même, dans son origine même, comme à partir d'une perte des repères. Mais il faut ici comprendre la perte comme quelque chose qui ne se répare pas. Un objet perdu peut être retrouvé. Mais ici, rien n'est à retrouver : mettons que c'est un « sujet » qui est « perdu ». Or un « sujet » ne se « retrouve » pas comme on peut retrouver un objet. (Je dirai plus loin de quelle perte il s'agit au début de l'Occident.) Qu'il faille aujourd'hui prendre acte d'une perte sèche de nous-même comme sujet *me paraît nécessaire*.

Ce qui a été nommé sous le nom de « crise » devrait porter un autre nom. Le mot de crise signifie quelque chose de passager. Ici, c'est plus grave. C'est quelque chose qui relève de ce que Freud indique comme le « Malaise dans la civilisation » et dont il donne ailleurs, dans *Moïse et le monothéisme* un exemple remarquable. À propos de l'époque qui précède immédiatement le christianisme, Freud dit : « Il semble qu'à cette époque une grande tristesse se soit emparée de tous les peuples de la Méditerranée. » Ce n'est pas exactement en psychanalyste qu'il se dirige vers cette époque et vers sa « tristesse », puisqu'il n'ébauche pas une interprétation. Il suggère pourtant quelque chose de tel, mais sur un registre collectif (et très largement collectif : toute la Méditerranée, toute une civilisation). Ce n'est pas un hasard si dans l'invention de la psychanalyse il y a aussi cette phrase sur un tournant de civilisation présenté en termes psychiques. (Je veux suggérer que Freud lui-même se pense ou se sent comme venant dans un tournant de civilisation comparable – et ce tournant, qu'évoque le « malaise », ne relève pas d'une cure analytique...)

Il semble que nous sommes dans un tel moment de « grande tristesse ».

J'essaie simplement de ressaisir dans une réflexion ce que ladite absence de repères nous demande de penser. Il y a en effet un absentement général des repères qui constitue une perte non pas accidentelle et passagère mais constitutive de nous-mêmes ou de ceux qui vont venir, de ces enfants dont vous parlez ici. Il ne peut se faire une nouvelle culture qu'à partir de cette perte. Cependant, ce doit être une perte selon laquelle rien ne manque qui serait « perdu » comme un objet, mais en revanche c'est un monde entier qui change. Aucun objet n'est à retrouver, mais un sujet est à naître.

Un certain nombre des pensées ou des marques signifiantes importantes de notre culture sont situées dans une impossibilité du repérage : l'exil, le désert, l'océan, l'impossible tout court dont Lacan lui-même, le reprenant à son proche Bataille, a fait le réel. Se repérer sur l'impossible, voilà un paradoxe constitutif de la modernité. Ce n'est certes pas identique à une impossibilité de se repérer, et pourtant c'en est comme la formule retournée.

L'invention de la cité grecque, de la *polis*, c'est l'invention d'un ordre social ayant à se donner ses propres repères. La politique est une recherche infinie de repères là où les repères théologiques ont disparu. Le « départ des dieux » est la vraie origine de notre culture.

Notre tradition est une tradition du dé-repérage (d'un dérapage ?) d'origine : c'est quelque chose qu'il faut savoir entendre. Il est trop tard pour les retours en arrière – et surtout... il n'y a pas d'« arrière ». Nous ne reviendrons pas aux dieux, pas plus que nous ne reviendrons à une « cité » dont nous avons forgé la représentation idéale.

Entre le VIème et le Ier siècle avant JC, il y a un grand échec : ça va mal dans tout le monde méditerranéen. C'est un échec des constructions de repérage de la *polis* et de sa religion civile, du savoir philosophico-scientifique aussi. Subsistent, ou renaissent, ces repérages obscurs que constituent les cultes à mystères, les initiations : mais ils n'ont pas de portée structurante pour une société comme telle.

Ensuite il y a eu le christianisme – un nouveau repérage, mais tel qu'il a aussi essentiellement écarté deux registres, le ciel et la terre : autre forme de dé-repérage dès que l'écart fut complet. Pour être plus précis, le monothéisme n'a pas constitué une substitution de religion, mais une véritable mutation : de présent, le divin est devenu absent dans son être ou dans son essence même. Aussi ce qu'on a nommé plus tard « la mort de Dieu » désigne en fait un trait originaire et constitutif du monothéisme, en particulier chrétien. Et pour ce qui regarde notre propos d'aujourd'hui, j'en tirerai simplement ceci : « Dieu le Père », dans ce contexte, constitue moins un nouveau repère qu'une autre forme de difficulté du repérage, une mise en perspective infinie du repère majeur dont la certitude est égale au caractère caché, retiré, inatteignable. Bien sûr, les Églises en ont fait des systèmes de repérage, et plus, de contrainte. Mais le fond des choses, tel que les mystiques et la spiritualité en général le montrent, est beaucoup plus complexe.

Maintenant, si nous passons à la forme laïcisée et philosophique de ce singulier « dé-repérage », nous pourrons dire ceci : s'il y a bien quelque chose pour nous qui représente le repère, c'est la loi. Or s'il y a quelque chose qui dans la même ligne marque la loi, son concept, sa pratique... c'est ceci qu'il n'y a pas de loi de la loi. Pas de (re)père de la loi. S'il y a quelque chose qui est frappant dans la loi morale de Kant, c'est qu'elle est précisément sans repère. Et si l'on veut sans Père (ou bien : si le Père est la loi, il ne l'engendre pas et la loi est nécessairement orpheline). (Je dirais volontiers : voilà le point commun entre la loi kantienne et la loi d'amour chrétienne, c'est que c'est une loi sans texte défini, sans articles rédigés ni législation réfléchie...)

La loi ne peut pas se repérer sur un modèle. Le seul modèle pour Kant est celui d'une loi naturelle (un ordre régi par des lois) – or c'est celui-là même qu'il éloigne de la loi morale (qui est loi de la liberté). Il précise que l'idée de loi naturelle ne peut fournir qu'un « type » analogique, non un schème constitutif pour la loi morale.

Depuis Kant, la véritable loi de la loi c'est en fait de faire une loi, c'est d'être législateur et on ne peut-être législateur si on n'a pas avant tout les repères. Il faut donc un premier, absolu législateur : le « souverain », concept moderne. Le concept de la souveraineté est le concept de ce qui doit excéder la loi (l'exception).

Mais il y a un autre extérieur de la loi, une autre espèce d'outre-loi (et peut-être donc une autre « souveraineté ») : il y a quelque chose qui vient aussi de notre tradition, c'est la foi. Je ne parle pas de la foi religieuse. La foi dont je parle, c'est celle qui répondrait à ceci : il n'y a pas de groupe humain possible, il n'y a pas de société possible sans une certaine valeur fiduciaire (qui repose sur une confiance, comme celle que suppose la monnaie dite « fiduciaire » une fois qu'on a perdu ou qu'on a suspendu l'or comme repère de valeur), il n'y a pas de lien social possible sans quelque chose qui est de l'ordre de la foi. (La foi dans l'autre avec qui on contracte, on parle, on se regarde – sans cette foi, confiance, fidélité, il n'y aurait aucun rapport ; c'est la foi ou la mort, le meurtre, ou bien la fuite panique.)

Pour caractériser la foi, il faut avant tout souligner ceci : elle est dans une opposition très tranchée avec la croyance. La croyance est un savoir faible, la foi c'est la force d'un non-savoir. La foi désigne une assurance mise dans l'autre, non pas par croyance, mais par le fait de poser son assurance dans l'autre. La confiance, la fiance (« fiançailles ») c'est le même mot.

S'il y a bien un trait fondamental de l'enfance, c'est le besoin de confiance. L'absence de repères prend une dimension terrible sur le fond d'absence de confiance.

D'où me vient la confiance qui fait que je tiens sur mon vélo ? C'est le point qu'on voit au loin dont parlait tout à l'heure Jeanne Benameur : ce point loin derrière soi, celui d'où la main paternelle ou maternelle nous a lancé, cessant de tenir la selle pour guider le vélo. C'est un point qui ne cesse de s'éloigner. C'est une assurance qui vaut par sa distance. Cela veut dire que la foi ou la confiance comme assurance mise dans l'autre c'est toujours une assurance placée dans la foi que l'autre met dans moi. La confiance dans la confiance. Si je fais confiance à un pont, je mets ma confiance dans la fiabilité du pont – et, pour filer cette image, ma confiance est mise dans ceci, que le pont me fait confiance pour ne pas lui faire porter une charge excessive.

On dit : « la foi en... ». Pas « à » mais « en ».

On dit « je crois aux prévisions de la météo » mais on dit : « je crois en toi ».

La foi *suppose* un sujet. Un sujet en rapport à un autre, lui aussi supposé. C'est un aller-retour qui fait la foi ; la croyance, c'est fermé sur soi. Mais le sujet supposé n'est pas fictif (tandis que l'objet de croyance est fictif, ce qui affecte aussi son sujet) : la supposition en question est précisément le fait de la foi, son affirmation.

Lorsque nous nous préoccupons de cette absence de repères pour ces enfants qui ont perdu toute confiance dans ce monde d'adultes, lorsque nous nous posons ces questions, nous essayons de prendre en charge les divers points que je viens d'esquisser et qui font que nous sommes une culture d'institutions non-repérables, d'institutions toujours en désinstitution... C'est une condition énorme, impossible en somme : c'est la nôtre.

ONOMASTIQUE

DANIEL LINDENBERG, OLIVIER ROLIN, MARIE DE LA TRINITÉ, « SIDONIE CSILLAG »

LE XXÈME SIÈCLE AURA BEAUCOUP ÉLUCUBRÉ SUR LE NOM PROPRE, depuis la *Traumdeutung* et *On denoting*. Un nom en plus ou en moins fait la différence entre aléa et nécessité, allusion et proscription, poésie et terreur. L'opposition n'a rien d'absolu : il y a le dictionnaire au bonnet rouge, la terreur dans les lettres, la poésie anti-terroriste de style terroriste, *Napoléon le petit*, les *Manifestes du surréalisme*, *Guernica*. Donner le nom, ou non ? Le nom de l'autre ? Le sien ? Saint-Just devant la Convention ne nomme pas Louis XVI. Le pamphlétaire timide, le plagiaire, le pompeur, ne nomment pas davantage.

En français, un nombre croissant de publications inscrivent dans leur titre le nom de Lacan, qui leur apporte sans doute quelque plus-value, quelque plus-de-jouir (voir le numéro à paraître de la revue *Cités*, consacré à Lacan).

L'éditeur de Marie de la Trinité (née Paule de Mulatier) *De l'angoisse à la paix*, m'a demandé un *nihil obstat* pour sous-titrer son dernier petit livre : « Relation faite à Jacques Lacan » (éditions Arfuyen, octobre 2003). Rien n'est plus courtois. Je ne savais rien, ou presque, de Marie, patiente de Lacan, je n'ai demandé aucune preuve, je me suis fié. Au contraire de Marie de la Trinité et de son éditeur, Ignace – le héros des pages épicées et malicieuses dont Olivier Rolin m'a fait cadeau, en écho aux « exercices de style » parus dans la précédente livraison à l'enseigne d'Eusèbe – répond au type littéraire dit du « narrateur peu fiable » (voir l'article d'Adam Kirsch dans ce même numéro, « *Freud as literature* »). L'histoire est bien faite pour démontrer qu'une fois passées les bornes, il y a encore des limites : l'abject personnage, montré comme ne respectant rien, s'arrête pourtant devant le nom propre de Lacan, n'ose pas y toucher, le voile d'un surnom (non-quelconque). Procédé de blasphème, et qui révèle son être de défroqué. Peut-être *Ignace* fera-t-il le feuilleton de la revue.

J'ai fait, moi aussi, un usage malicieux du nom propre de Daniel Lindenberg. On verra ici même qu'il ne me déclare point de griefs. Il est homme d'esprit.

Un autre Olivier, Mongin celui-ci, homme d'*Esprit* lui aussi, ménage son nom propre au point de signer d'un pseudonyme la critique qu'il a réservée au *Neveu de Lacan* dans sa revue. Celle-ci annonce depuis peu, non sans à-propos, un numéro sur la psychanalyse.

Et voici qu'à l'heure du bouclage, *in the jaws of the press*, Agnès Aflalo m'apporte le nom propre de l'une des héroïnes les plus attachantes du roman clinique freudien, si je puis dire, « La Jeune Homosexuelle », que Lacan a rendue célèbre parmi ses élèves. Elle s'appelait donc Sidonie Csillag ? Non, ce n'est qu'un pseudonyme. Grâce à Jean Allouch et à Danielle Arnoux, vous trouverez ici les bonnes feuilles de l'ouvrage d'Ines Rieder et Diana Voigt, en librairie fin octobre. – *JAM* (acronyme)

À propos du « Neveu de Lacan » : satiriste, pamphlétaire, polémiste ?
par Daniel Lindenberg

D'APRÈS LE LITTRÉ, UNE *SATIRE* est un « ouvrage en vers fait pour censurer, pour tourner en ridicule les vices, les passions, déréglées, les sottises des hommes ; le mot se dit aussi de certains ouvrages mêlés de vers et de prose qui sont faits dans la même intention ». Peu d'ouvrages paraissent aujourd'hui à cette enseigne, assez délaissée depuis Boileau. La modernité a intronisé un genre nouveau, le « pamphlet », qui est selon la définition de l'auteur de *Révolution, conservation et positivisme* un « petit livre de peu de pages ». Littré attribue l'introduction du mot et de la chose à Voltaire. Le livre de Jacques-Alain Miller qui fait 376 pages bien tassées n'est donc pas un pamphlet au sens originel. Mais s'il est une satire, qui tourne-t-il en ridicule ? J'ai la conviction – qui repose peut-être sur du *wishful thinking* – que si JAM se paie parfois ma fiole dans son livre, ce n'est point dans l'intention d'exciter au sujet du *Rappel à l'ordre* et de son auteur un rire qui les exclue de l'ordre du jour des doctes[1]. N'importe quel lecteur pourra s'en convaincre, malgré l'avis contraire de quelques critiques pressés et d'Alain Badiou dans la précédente livraison d'*Élucidation*. En tout cas, il est clair que je ne me serais pas prêté à cet exercice assez original (à savoir rendre compte d'un ouvrage où l'on est non seulement mis en cause pour ses écrits, mais qui vous met en scène comme personnage de fiction !) si je me sentais offensé un seul instant par les vies imaginaires (passées et mêmes futures...) que me prête l'ami Jacques-Alain. Naturellement, la confusion entre le fantasme et la réalité peut guetter le lecteur non averti. Il me tient donc à cœur de préciser, entre autres que :

– Je n'ai jamais été « stalinien ».

– Je n'ai pas de « problèmes » avec mon « identité juive », ni avec les résurgences de l'antisémitisme.

– J'ai une admiration infinie pour ces géants que sont Baudelaire et Flaubert. Leur posture « aristocratique » est un fait sur lequel il n'y a aucun jugement à porter. Restent les effets de cette posture, vulgarisée.

– Je n'ai aucune intention de quitter *Esprit* !

Mais ce sont là des broutilles, car je crois que l'essentiel est que JAM a, à la différence de tous mes contradicteurs, accepté un débat civilisé. La vérité est que je me suis délecté à lire, p. 128 : « Daniel Lindenberg est tout sauf un con, je crois l'avoir démontré. » Cela me changeait agréablement de la « réception », comme disent les cuistres, qui fut plusieurs mois mon ordinaire ! Mais laissons-là ces considérations narcissiques. En réalité je pense que *Le Neveu de Lacan*, tout comme le célébrissime écrit de Denis Diderot auquel son titre fait signe, est la satire, s'il en est, d'une époque et de son bestiaire (au sens où Hegel parlait du « *règne animal de l'esprit* »). À l'évidence, JAM confirme ici ce qu'il nous confiait, dans ses *Lettres à l'opinion éclairée*, d'« une nostalgie des tournois intellectuels de l'époque des révolutions [...] de la grande polémique janséniste, de celle des Lumières, de la polémique libérale romantique, catholique, communiste, surréaliste, existentialiste, structuraliste, situationniste... »[2]. Ce qu'il dit de la mélancolie de « notre génération » – c'est aussi la mienne – me touche, tout comme sa nostalgie des grands classiques de la liberté et de l'irrespect. Mais si JAM et moi-même restons persuadés qu'« on a raison de se révolter », reste à savoir contre qui, ce qui est une autre paire de manches. Il nous faut donc comprendre sur quels objets se tourne

1 - Rappelons à nos plus jeunes lecteurs que JAM sait ce qu'être visé par une satire veut dire, lui qui a été épinglé en son temps par les savoureuses *Matinées structuralistes* de Clément Rosset (Robert Laffont, 1970)... et ne s'en est pas porté plus mal.

2 - Miller, J.-A., *Lettres à l'opinion éclairée*, Paris, Seuil, janvier 2002, p. 72-73.

la verve du polémiste, l'« enquête sur les nouveaux réactionnaires » et son auteur n'ayant été que des causes occasionnelles d'une polémique qui vient de loin.

Les Mystères de Paris

JAM a été un normalien brillant, très influencé par Louis Althusser, il a été maoïste, organisé dans la « Gauche prolétarienne » après 1968, et il est devenu enfin, comme chacun sait, la principale figure du « lacanisme » en France et dans le monde. C'est donc un homme qui sait de quoi il parle, lorsqu'il traite du « pouvoir spirituel » et du rôle des minorités agissantes et organisées dans l'histoire. Or que s'est-il passé lorsque s'est produite la « chiquenaude » initiale, qui, de fil en aiguille, a donné lieu à la publication de ce gros livre, qui lui-même... Mais comme disait Eugène Sue, « n'anticipons pas ». JAM achète *Le Monde* le 21 novembre, comme il le fait, je le suppose, tous les jours, à moins qu'il n'y soit abonné. En tout cas il découvre une « une » qui le plonge dans un abîme de perplexité, puisqu'elle porte sur un débat – dont par définition personne n'avait connaissance jusque-là – qui s'origine dans le livre d'un certain Lindenberg que JAM ne connaît ni d'Ève, ni d'Adam. Cela aurait pu se faire, comme tous deux en conviendront plus tard, tant ils ont d'amis et de connaissances en commun. Mais cela ne s'était pas fait. Très intrigué donc, JAM, court acheter à la librairie Tschann le *factum* en question, qui ne « fait » que 94 pages (beaucoup de bruit pour rien ?) et le lit d'une traite... pour y découvrir, p. 52, son propre nom. Là les choses se compliquent. L'inconnu du Seuil (maison d'édition qui publie *Le Séminaire* de Lacan, et les *Lettres à l'opinion éclairée*..., [voir plus haut]) cite lesdites *Lettres* de manière élogieuse. Mais, par ailleurs, JAM se sent visé par ce qui est dit des ex-normaliens « althussériens » (Debray, Milner, Badiou) et de leur rapport à la démocratie et au totalitarisme. D'où une sainte colère, dont le *Journal d'Eusèbe* porte la marque. Mais JAM ne s'en tient pas là et veut remonter la filière, en intellectuel scrupuleux. Transformé en Rouletabille de la République des Lettres, il va donc essentiellement accomplir deux démarches : 1) se procurer les œuvres complètes de DL, ce qui, chose instructive pour l'intéressé, ne semble pas une aussi mince affaire qu'on l'imagine[1] ; 2) enquêter sur une figure intellectuelle à laquelle il n'avait jusque-là prêté qu'une attention distraite (Pierre Rosanvallon), et une revue qu'il ne lisait pas, à savoir *Esprit*.

Passons sur l'isolement des univers lettrés à Paris que cela révèle. Miller « auteur Seuil », ne lisant pas la revue phare de la Maison, sans doute parce qu'il est évident quelque part que pour un homme de sa génération formé dans le marxisme, il n'y a qu'une seule Revue qui vaille, à savoir *Les Temps Modernes*. L'important pour nous sera bien qu'il tirera les fils de la pelote en remontant de la République des Idées, association animée par Pierre Rosanvallon et coéditrice du *Rappel à l'ordre* à la Fondation Saint-Simon, et de ce dernier *think tank* à un vaste projet de refondation « progressiste » (au sens milnérien) de la société française. Cela grâce à « un ou plusieurs de ces curieux réseaux d'influence, occultes ou puissants, dont Kojève fut l'illustration ». De même, il remontera d'*Esprit*, revue d'inspiration indubitablement chrétienne (ou « social-chrétienne » en langage milnéro-millérien)... à la Compagnie de Jésus, archétype éternel des entreprises « progressistes » au sein de l'Église Catholique Apostolique et Romaine. Cette fascination pour les Jésuites et leur rôle occulte et démiurgique dans la fabrique de l'opinion et les révolutions par en haut n'est pas nouvelle chez les marxistes. Il suffit de penser à Lénine, à Gramsci, voire au fait que Fidel Castro a été leur élève. Évoquer l'expérience des « réductions » du Paraguay (JAM n'y manque pas) est rituel dans toutes les histoires de l'idée communiste. Des

1 - En se fondant uniquement sur la quatrième de couverture, il a pris le risque d'être incomplet. Ce qui, anecdotique en soi, l'a surtout privé de *Lucien Herr, le socialisme et son destin* (en collaboration avec P.A. Meyer, Calmann-Lévy, 1977), ouvrage qui aurait pu enrichir ses démonstrations.

Jésuites à Balzac, il n'y a qu'un pas. Ce qui permet à JAM de laisser aller son imagination débordante, peignant Rosanvallon en Vautrin *(sic)* et qui vous savez en Rubempré. C'est d'ailleurs son talent littéraire incontestable qui entraîne l'auteur d'*Un début dans la vie*[1], qui l'entraîne parfois dans des reconstructions hasardeuses. Je puis en témoigner : il n'y a nul « projet » commun à Rosanvallon, Mongin, Padis et moi-même pour rebâtir une gauche soumise aux impératifs du Marché et alimentée en concepts par l'Internationale noire. L'opuscule par lequel le scandale est arrivé ne se fixait et n'avait été conçu pour aucun objectif ténébreux ! L'écho qu'il a rencontré, je puis en témoigner, a pris tout le monde de court. JAM l'a d'ailleurs compris, qui analyse finement à l'occasion les embarras des uns et des autres. Ce n'est pas le militant de la « deuxième gauche » (ce qu'oncques ne fus) qui a publié ce livre, mais un historien des idées.

Mais tout cela est accessoire. L'important est que le choix soit entre un modèle américain qui concasse tout sur son passage et le paradigme « jésuite » de la « vieille Europe ». JAM cite une phrase d'un de ses amis : « Le vrai choix, c'est Vatican ou Washington. » Si j'ai bien compris, JAM, comme Milner dans *Existe-t-il une vie intellectuelle en France ?*[2] choisit plutôt une certaine Amérique. Celle de Jean Prévost, le moderniste, le futur héros de la Résistance. On ne peut qu'approuver une telle référence, si rare sous des plumes aussi distinguées. Et dire qu'un des procès instruits naguère contre la « deuxième gauche » (chez les « républicains ») se résumait par cette marque d'infamie : « Gauche américaine ! » Décidément, les feuilles mortes se ramassent à la pelle...

Les Juifs, la Réforme et Bush

L'auteur subtil du *Neveu de Lacan* fait partie du petit nombre qui a bien saisi la dimension « judéo-juive » du *Rappel...* Sa sensibilité au « théologico-politique » lui inspire les meilleurs morceaux, à mon sens, d'un livre parfois un peu brouillon. Il a tout à fait raison de creuser la piste des « familles spirituelles de la France » (Barrès) et du jeu changeant de leurs alliances et mésalliances. À l'alliance judéo-protestante qui a fondé la Troisième République a sans doute succédé une symbiose catholico-protestante dont Paul Ricœur est le prestigieux symbole. Encore faudrait-il faire observer qu'il y a une forme d'insertion du judaïsme, ou d'un certain judaïsme dans ce dispositif philosophico-politique. D'où l'importance stratégique d'un Lévinas. Qu'en pense l'ami Benny ? Voilà pour la France. Mais en ce qui concerne les États-Unis, je ne pense pas que l'on puisse contester le poids de la droite ou des « droites religieuses ». JAM le conteste-t-il encore ? Je serais curieux de le savoir. De même, il me paraît sophistique, pour rester sur le terrain américain, de dire qu'émettre des réserves sur le verdict de la Cour Suprême interrompant définitivement le décompte des voix en Floride soit assimilable à la vieille antienne marxiste sur les « libertés formelles ». Il y a actuellement aux États-Unis une tendance affirmée à vouloir revenir à une logique censitaire pour l'élection du Président, fondée sur le droit des États, et même une pulsion « sudiste » très consciente qui n'a rien à voir avec le « gouvernement des juges », que JAM semble considérer comme au-dessus de la démocratie, même formelle ; mais ceci est une autre histoire. En tout cas, il n'y a nulle déconfiture tangible de la « *Moral Majority* », mais une alliance de toutes les droites (« *Bible Belt* », télévangélistes, paléo- et néo-conservateurs)[3]. De même, dans le monde juif et en Israël, où les déçus du « camp de la Paix » rejoignent de plus en plus, les uns en catimini, les autres ouvertement, les rangs de l'intolérance et du chauvinisme. Mais, plus lacanien que jamais, notre homme profite surtout de l'occasion pour prolonger l'œuvre théorique du Maître sur le terrain, aujourd'hui si questionné, du

1 - Miller, J.-A., *Un début dans la vie*, Paris, Gallimard, « Le Promeneur », 2002.

2 - Milner, J.-Cl., « Existe-t-il une vie intellectuelle en France ? », *Élucidation*, n° 2 (épuisé), repris aux éditions Verdier en 2003, dans le volume qui rassemble le *reprint* des numéros 0 à 7 d'*Élucidation*.

3 - Sur tous ces problèmes lire l'article du politologue John Mason à paraître dans *Esprit*.

religieux. Là où tant d'autres nous prêchent le retour aux autels (pourquoi pas ?), JAM préfère, en impénitent fils des Lumières, insister sur le conflit structurel de la science et de la religion, ou plutôt de la *réeligion*, puisque, selon lui, elle « protège » le réel de la puissance subversive de la science. Revient alors le bon vieux temps des *Cahiers pour l'Analyse*, et des développements philosophiques vertigineux, d'Aristote à Hegel.

Qui dit Hegel, dit Kojève, dont on sait l'importance pour Lacan et pour Miller lui-même. Et aussi Carl Schmitt, un auteur qui a beaucoup servi ces derniers temps à masquer la faillite du marxisme. En avançant des aphorismes du type « Lacan est le Carl Schmitt de la psychanalyse », JAM veut-il nous entraîner sur d'autres voies que celles d'une radicalité sans emploi ? C'est tout le mal que je lui souhaite.

*
* *

Ignace, par Olivier Rolin

SI MIS PÁRPADOS, LISI, LABIOS FUERAN... J'ai quitté ces rivages depuis longtemps. Mes paupières ne regrettent plus l'infortune de n'être pas des lèvres. Mes yeux ne s'attachent plus au pas des femmes, à leur bouche, à. Il n'y a rien. Mes mains sont vieilles, délicates. Elles ne rêvent plus guère. Mes lèvres parlent peu, bas. Avec la paix du corps serait venue celle de l'âme. Non. Ce n'est pas vrai. C'est l'épuisement qui est venu. *Polvo serán, mas polvo enamorado*. Je serai poussière amoureuse. Je me souviens de tout. Je m'en remets à mon Juge. Je n'oublierai jamais ce soir où je lus, dans la bibliothèque-fumoir du palais Medina-Schmidt, les *Sonnets à Lisi* de Quevedo. *Y en público, secretos, los amores*... Il pouvait être une heure du matin lorsque la Señora me fit signe d'arrêter ma lecture. Je rassemblai les pages, les rangeai sur la fine feuille de bois de cèdre, posai la boîte sur le guéridon qui séparait leurs deux fauteuils, retournai m'asseoir sur mon tabouret. Tous ces gestes si souvent accomplis, il me parut que je les faisais pour la dernière fois. Miller tira de sa poche un cigare de Vuelta Abajo, étendit le bras, s'empara dans le coffret d'une liasse de poèmes qu'il froissa et enflamma pour y porter le bout du havane. Une moue rebroussa les lèvres de la Señora, ces lèvres dont Góngora eût fait, peut-être, des vagues roulant le naufragé, ou des arcs tirant la flèche fatale, et qui provoquaient en moi les plus prosaïques désordres lorsque, comme en cet instant, je m'imaginais y mordre. Oui, je le confesse, telles étaient mes pensées, parmi tant d'autres, infâmes, que je tais. Elle posa sur les accoudoirs ses mains aux poignets incroyablement fragiles. Les mains miraculeuses de ma maîtresse, posées sur le volant, qu'ornait en son moyeu une clignotante Pietá, du camion Dodge dans lequel nous ramenions la marchandise du port, ou bien saisissant le pied d'une coupe de champagne comme on élève un calice, ou bien encore giflant un travailleur impudent, et il arrivait que ce fût moi, combien de fois n'avaient-elles pas suscité dans mon esprit dérangé la trouble évocation de mon Seigneur aux mains trouées ? Si je ne devais pas dire mon ancien Seigneur ? Je n'étais qu'un prêtre scandaleux, un Jésuite défroqué à qui les gamins faisaient dans les rues de Vera Cruz un cortège d'invectives et de gestes obscènes. Le sang voluptueux des Menéndez, dont j'avais cru étouffer les ardeurs en prenant très jeune la robe noire de la Compagnie et en prêtant le terrible serment d'obéissance de mon maître Ignace, ne m'avait pas longtemps laissé en repos. Après que la révélation publique, dans les colonnes d'une presse dont l'anticléricalisme faisait feu de tout bois, de mes fornications lamentables avec diverses repasseuses et serveuses de bar eut déshonoré mon ordre bien au-delà des frontières de l'État, je fus chassé des rangs des soldats du Christ. C'est alors que, dans une *cantina* du port où officiait une de ces créatures par qui la tentation était venue, je rencontrai Miller qui à présent regardait ou ne regardait pas (on n'eût pu le dire tant ses yeux affichaient la stupidité qu'on voyait à ceux des oiseaux morts dont le ressac festonnait les escarpes et contreforts du palais) les mains de sa femme crispées sur les accoudoirs de soie de la méridienne. Un brillant du petit pendentif en forme d'araignée qu'elle portait toujours entre les seins, même lorsqu'elle conduisait le camion ou commandait au déchargement des bateaux, recueillit, concentra et fit fulgurer la rare lumière que reflétait vaguement, tout autour de l'immense pièce délabrée, ce que notre industrie avait laissé subsister des milliers de volumes amassés par des générations de Medina-Schmidt : capitaines-généraux, vice-rois, évêques, tous hommes violents et débauchés issus de deux lignées, abominablement consanguines et abruties de fièvres, de conquistadores et de reîtres flamands, et qui ne voyaient d'ailleurs dans les livres qu'un accessoire utile à leurs grands airs, incapables qu'ils étaient les uns et les autres, et jusqu'aux ecclésiastiques, de lire plus loin que *Credo in Unum Deum*. Un vif trait de feu passa sur mes yeux, qui me fit aussitôt songer à certains tableaux de conversions spectaculaires, celles de Paul de Tarse ou d'Ignace de Loyola lui-même, mon maître, pêle-mêle avec diverses pieuses représentations de ces flèches dont le Seigneur se plaît à cribler ses serviteurs et plus volontiers encore, il me semble, ses amantes. Tout cela ne formait à vrai dire qu'une image multiple et équivoque de corps froissés, de chutes, de chair atterrée, rayonnante et féroce. Oblique, minutieuse dans le zigzag, une blatte traversa le tapis, me tirant de cette fugitive rêverie. Il me sembla voir briller les yeux de l'insecte, toutes choses étaient à la fois extraordinairement estompées et précises, je ne sais comment l'expliquer sinon par quelque altération électrique de l'atmosphère causée par l'imminence du cyclone que le hasard des nomenclatures météorologiques baptisait du prénom même de la Señora, Susana. Tout reposait dans l'ombre, la bibliothèque, la mer que gommait, au-delà des hautes fenêtres, une vapeur cendreuse, agitée de souffles mous, et pourtant chaque chose semblait avoir la visibilité nette et claire d'une perle. La torche de sonnets achevait de se consumer sur le guéridon. Fut-ce une hallucination ? Je crus voir de petites flammes cuivreuses danser sur la longue-vue utilisée par je ne sais plus quel Medina au second siège de Carthagène-des-Indes, et à travers laquelle Miller et la Señora avaient coutume de surveiller l'entrée au port de l'*Espiritu Santo* et de la *Nuestra Señora del Carmen*, les deux anciens langoustiers qui faisaient pour eux la liaison avec Cuba. Miller, qui ne jouissait pas d'une haute réputation, c'était le moins qu'on pût dire, parmi les ruffians du port – ne racontait-on pas qu'il s'était fait refiler, en lieu et place d'une cargaison de Kalachnikovs pour la guérilla colombienne, un lot de caisses contenant des amortisseurs d'automobiles soviétiques Volga ? – me recruta pour le service de la librairie. Je dis « le service de la librairie », mais en fait ce n'était là que la partie qualifiée, j'oserais dire distinguée, de mon travail, qui consistait aussi à pourvoir à la cuisine et à servir à table. Mon humiliation n'eût pas été complète si la Señora, par caprice ou cruauté, n'avait insisté pour que je m'acquittasse de mon servile ministère dans l'habit que j'avais déshonoré. Mais tous les outrages m'étaient doux dès lors qu'ils venaient d'elle et aussi, d'autres fois, et contradictoirement, parce que j'y voyais le dur travail du salut : épuisante mécanique circulaire où ce qui venait de la chair annulait le mouvement de l'âme, qui à son tour me faisait abominer ce que mon enveloppe pécheresse s'était abandonnée, l'instant d'avant, à adorer. La Señora fit glisser ses jambes sur le côté – de mon côté, et je ne pus me retenir de jeter un preste regard sur ses genoux, que découvrait l'ourlet de la jupe noire. El Griego, le père, faisait rouler les dés tout au fond de la pièce, à l'opposé des fenêtres. C'est à ça que le vieil imbécile passait ses soirées lorsqu'il n'était pas en tournée aux États-Unis, y recrutant des abonnés pour la librairie au sein de la riche diaspora grecque. Une haine nous opposait, d'autant plus vigilante qu'on nous avait signifié, à l'un et à l'autre, de nous abstenir de la manifester, et qui venait, je crois, de ce que nos désirs partageaient secrètement le même objet. Avec ce porc que la lâcheté retenait au bord vertigineux de l'inceste, il m'arrivait de disputer âprement du concile de Chalcédoine, car son esprit était, aussi, profondément infecté de monophysisme. Néanmoins, ce n'était pas la chair du Christ qui mettait de la violence dans nos controverses. La Señora posa le pied sur le tapis constellé de brûlures et de chiures de blattes, pencha son buste en avant. De nouveau, je ne pus retenir mes yeux d'aller, *si mis párpados labios fueran*. Je veux penser qu'en fut responsable le curieux phénomène optique dont j'ai parlé, cette précision ombreuse de toutes choses que j'attribuais à l'imminence du cyclone. Elle portait un corsage noir échancré en V. *Dios mío* ! Marie-Madeleine était-elle ainsi ? On n'entendait que le choc de l'ivoire et, toutes les minutes, le mugissement proche de la corne de brume qu'accompagnait une commotion de l'air, comme une vague invisible. Miller fumait. Ne voyait-il rien ? Jamais il n'eût été capable, avec les faibles ressources de son génie, de mettre sur pied les activités de la librairie. C'est elle qui avait tout imaginé, et notamment de recruter mon intelligence désœuvrée, rompue à la fréquentation des livres, pour l'employer à la rédaction du catalogue que nous expédiions à nos abonnés des États-Unis. Ainsi, tout était en règle, et les commandes se passaient le plus simplement et le plus légalement du monde. Les formats, les tomaisons, le nombre des pages, permettaient de déterminer avec précision la quantité, le type et le calibre des cigares à expédier, dont les prix ne cessaient de grimper depuis l'interdiction des importations décrétée par le gouvernement américain. Ma maîtresse était debout à présent. C'était une femme dont la petite taille soulignait la perfection des formes, à l'image de ces statuettes de bois ou d'ivoire ornant certaines châsses, certains reliquaires, qu'on peut tenir et caresser dans sa paume, et qui émeuvent plus que les hautes Vierges de pierre dont le regard vide erre dans la nef loin au-dessus de nos têtes. J'avais toujours aimé, hélas, les femmes petites, au point que certains plumitifs, joignant l'invraisemblable à l'odieux, avaient osé écrire que c'était pour pouvoir les dissimuler plus aisément sous les plis de ma soutane. À l'aide d'une presse à emboutir munie de différentes matrices correspondant aux in-folio, in-quarto, in-octavo, nous évidions l'intérieur des livres prélevés dans l'immense bibliothèque, ne laissant demeurer des pages que les trois marges et le dos, nous encollions les tranches puis farcissions de cigares la carcasse vide du *Don Quichotte*, de *Lazarillo de Tormes*, des *Autos sacramentales* de Calderon comme du *Livre de l'invention libérale et art du jeu d'échecs* de Ruy López de Segura, de l'*Ars Magna* de Ramon Lull aussi bien que de la *Manière assurée de naviguer les rivières & cours d'eau du Nouveau Monde* de Lazaro Enrique Ahogado, de *La Cuisine qu'il convient de servir aux filles des gentilshommes dans les Indes* de Fray Francisco Esteban de la Sombra, du théâtre complet de Lope de Vega, des *Poèmes martiaux et galants* du général Osvaldo Bigotudo de la Cruz, avec pêle-mêle tous les grands auteurs et petits maîtres de l'Antiquité, Dioscoride, Théopompe, Calliclès de Pergame, Platon, Denys d'Halicarnasse, et une foule d'ouvrages en allemand, italien et français que les Medina-Schmidt avaient prélevés, après sa fin désastreuse, parmi les dépouilles de l'éphémère Maximilien. La Señora était debout, elle lissait sa jupe sur ses hanches, c'était un geste qui n'exprimait, je crois, de sa part qu'une certaine hésitation, mais je ne saurais mieux faire sentir l'affreuse séduction qu'il avait pour moi qu'en disant que, croisant mes bras sur ma poitrine, je serrai à les briser mes mains contre mes flancs, tant, le désirant follement, je craignais qu'elles n'aillent se détacher de mes poignets pour voler épouser, blanches, lentes sur la soie noire, les siennes. Elle saisit un panatela sur le guéridon, le porta à ses lèvres, parut se raviser, le rompit. Miller leva un sourcil. C'était un silencieux. Au début nous nous débarrassions des pages imprimées en les brûlant dans la grande cheminée avec les boîtes de cigares vides, mais le jour où je dus jeter aux flammes les *Exercices spirituels*, la honte que j'eus de trahir une seconde fois mon maître et mon ordre me poussa à faire observer à la Señora qu'allumer des flambées tous les jours, même lorsque la chaleur moite des étés du Tropique plombait les rues de Vera Cruz, était une bizarrerie qui risquait d'attirer inutilement sur nous l'attention du voisinage. Elle en convint et nous prîmes dès lors l'habitude de serrer les pages dans les boîtes de Cohiba, de Monte Cristo ou de Carl Upmann délestées de leur contenu, et de les ranger sur les rayons à mesure que nous les dégarnissions. Ce fut je crois l'amour dévoyé que je continuais de porter aux livres qui me poussa à inscrire, sur le chant de chaque boîte, le titre de l'ouvrage, de telle façon que la bibliothèque dont nous essaimions, au nord du Río Grande, la forme fallacieuse dissimulant les feuilles exquises de Vuelta Abajo, continuait d'exister ici sous l'apparence de boîtes de cigares. Alors quelque chose commença de changer dans l'esprit fantasque de ma maîtresse. Ai-je parlé des cernes qui invitaient autour de ses yeux au glissement du doigt ou de la langue, ai-je parlé de la couleur de ses yeux, on eût dit d'une corruption bleue et verte de l'ombre, ai-je parlé de ses cheveux, d'un noir où fourmillaient des lueurs de feu et de métaux, et dont je voyais des mèches, relevées et liées haut sur la nuque, battre en cascadant son cou cependant qu'elle avançait, sous l'oreille, sur le croissant de peau tendre où la bouche aime à se poser, mais je n'ai parlé de rien, tant les mots, qui m'ont approché d'elle, me trahissent lorsque je veux les plier à parler d'elle : peut-être, Dieu me pardonne, est-ce cela l'enfer ? Les soins dont j'entourais les pages encloses dans leurs petits tabernacles de bois firent que ce qui lui avait d'abord semblé un simple expédient finit par éveiller sa curiosité. Un jour, elle me demanda de lui faire la lecture : sans doute fut-ce d'abord pour se moquer de moi, du tremblement des feuilles entre mes doigts, des mots entre mes lèvres. C'était peu de temps après la mort en bas âge de l'unique enfant qu'elle eut jamais de Miller : deuil qui, sans l'affecter profondément, je crois, inclina à un peu de rêverie ce caractère impérieux, en même temps qu'il l'éloignait d'un homme qui ne la valait pas. Après cette première séance il y en eut d'autres, toujours plus, et plus longues. Ce qui d'abord n'était qu'un jeu, ou un délassement, devint une habitude, et bientôt une fureur. Cette progressive possession fut, j'ose le dire, entièrement mon œuvre. Je conçus le plan désespéré de me rendre maître d'elle par les livres. Je choisissais les textes que j'allais lui lire avec le soin maniaque d'un magicien préparant un philtre, dosant et composant les effets attendus de crainte, de désir, de gaîté, de surprise, d'imaginations lascives ou terribles, suivant les mouvements que je voyais se faire dans son âme, en fonction aussi des moments du jour où elle m'appelait auprès d'elle, et par exemple je ne lisais pas les mêmes pages, ni ne les lisais de la même façon, selon que l'heure éclatante de la sieste glissait sur son corps allongé, à travers les persiennes, des lames obliques de lumière, tandis que le souffle des ventilateurs gonflait et soulevait légèrement, comme une matière vivante, frémissante (Seigneur, pardonnez-moi), les feuilles dans leur coffret, ou que la fraîcheur de la nuit avait fait monter la brume de la mer et sortir des combles les grandes chauve-souris sacrées des Zapotèques. Et ce soir non plus, où le cyclone dressait déjà au-dessus de nous ses tours et ses murailles de vide, où je voyais glisser sous sa peau, puis sous la seconde peau de la soie, cependant qu'elle avançait vers le petit secrétaire d'acajou, d'un pas assuré maintenant, les muscles serpentins de ses jambes, de ses cuisses, de ses fesses, je ne m'en étais pas remis au hasard du choix de ce brigand de Quevedo, ni de l'intonation de ma voix prononçant les sonnets. El Griego cessa de faire rouler les dés. Savait-il ce qui se trouvait dans le tiroir du bas, à gauche ? On entendit au loin, incongrues, quelques notes d'accordéon. La nouvelle passion de ma maîtresse l'avait détournée peu à peu des activités de la librairie. Pour que ce commerce clandestin continue de l'intéresser, il eût fallu désormais qu'il fût raconté dans un livre. Miller lui-même, qui comme personnage de roman eût peut-être su retenir son attention, lui parut, chaque jour davantage, trop sordidement réel, trop banalement soucieux de continuer à faire tourner l'entreprise dont il s'attribuait à présent, non sans ridicule, l'exclusive paternité. Les heurts entre eux se multipliaient, que je m'employais naturellement à aviver en choisissant à point nommé des lectures qui pussent faire croître les sentiments dédaigneux dont je la voyais animée. Cette tension n'était jamais plus manifeste que lorsque, par négligence mais sûrement aussi par volonté de la froisser comme les pages elles-mêmes que je venais de lui lire et dont, si balourd qu'il fût, il devait bien mesurer l'effet subversif, il affectait d'y allumer son cigare après les avoir enflammées. Ma maîtresse était devant le secrétaire, se penchait légèrement. Ce mouvement faisait saillir ses hanches, découvrait les pâles saignées des genoux. On entendait, au-delà des fenêtres, une sorte de profond murmure. Un homme qui dort, immense, là, dehors, me disais-je. El Griego, au fond de la pièce, hébété, regardait les dés. De la sueur brillait à son front. Assis sur mon tabouret, je tenais mes mains sous mes bras, pressées contre mes flancs. Une lueur blanche, c'était sa main, troublait le sombre miroir de l'acajou. Tête renversée, Miller fumait. Sous ma paume droite, je sentais les battements précipités de mon cœur. La fumée formait au-dessus de Miller une colonne bleue et roide qui se brisait très haut en arabesques, à la limite de l'ombre. On eût dit que l'arbre de Jessé lui sortait de la bouche. Elle ouvrait le tiroir du bas, à gauche, y enfonçait la main. Une bretelle noire du soutien-gorge paraissait sur son épaule, découverte par le glissement de la soie. Alors, comme si elle eût tenu, gage de quel pacte diabolique, entre ses doigts les liens invisibles des vents, comme si l'arme qu'elle devait saisir, que, je n'en doutais plus, elle saisissait, eût été non le fonctionnel outil d'acier bleu, un peu graisseux, que les voyous du port passent dans leur ceinture, mais – miraculeusement enclos dans l'étroite case de bois comme, dans nos coffrets trompeurs, la révolution infinie de la littérature – le tohu-bohu de l'air et des eaux, ou plutôt comme si le petit tourniquet fatal que, dans les cantinas où j'avais mes usages, on appelait la « moulinette à mort subite », eût été dans sa main la métaphore, l'insigne ou le chiffre du grand manège du néant, les fenêtres, derrière lesquelles la mer soudain, telle une forêt en marche, pressait ses furieuses cimes blanches, éclatèrent d'un coup, et avant que les flèches de verre ne fussent retombées, ce fut, sur la bibliothèque, le palais, toute la ville de Vera Cruz, sur elle et nous et cette chose incompréhensible entre nous qui peut-être allait se dénouer, brutale, assourdissante, la nuit.

Ce texte vient de loin : une première version figurait dans une bizarrerie à plusieurs mains publiée presque sous le manteau il y a une grosse dizaine d'années. Je compte qu'il ira loin encore : il forme une partie d'un récit que j'achèverai, peut-être, avant que passent dix autres années. – O. R.

*

* *

Préface à l'écrit de Marie de la Trinité
« De l'angoisse à la paix. Relation faite à Jacques Lacan »
par Jacqueline Renaud

PRÉSENTER UN ÉCRIT DE MARIE DE LA TRINITÉ est un redoutable honneur. Comment oserait-on prétendre à ajouter quoi que ce soit aux bouleversants témoignages qu'elle nous a laissés d'une expérience spirituelle qui dépasse de toutes parts notre existence commune et notre pensée habituelle ? Expérience d'un extrême que la plupart d'entre nous ne peuvent pas même imaginer...

Mais voilà : ce livre, *De l'angoisse à la paix*, s'annonce, dès la première ligne (*« La cure de sommeil commença dans de mauvaises conditions »*) comme un élément étranger, détonant et même, de prime abord, presque choquant, dans l'œuvre de Marie de la Trinité.

Les *Carnets* rédigés de 1936 à 1946, où se trouvent recueillis ses rencontres et ses dialogues d'amour avec Dieu, elle avait souhaité, sans s'y attacher nullement, qu'ils puissent être un jour, après sa mort, offerts à notre lecture. Mais ces pages de *De l'angoisse à la paix*, récit brûlant d'une souffrance morale et physique, humainement et médicalement scandaleuse, puis du rétablissement d'une certaine santé – comment définir sa place au sein de l'œuvre ?

La réponse se trouve dans le sous-titre du présent volume : *« Relation écrite pour Jacques Lacan »*. Marie de la Trinité a, on le sait, fréquenté ce psychanalyste très régulièrement pendant plus de quatre ans, et c'est à sa demande qu'elle a rédigé ce texte.

Certes, elle n'avait pu prévoir en écrivant ces pages qu'elles seraient un jour offertes à notre réflexion de non-initiés. Or, dès qu'on commence sa lecture, on s'aperçoit bien vite, par les mots qu'elle choisit, les descriptions qu'elle donne, les analyses qu'elle élabore – concernant, par exemple, les émotions de l'enfance ou les relations familiales –, qu'elles n'ont pu être écrites que par une personne rompue aux techniques de la psychanalyse et qui s'adresse, de plain pied, à un autre psychanalyste. On aurait presque le sentiment, par instant, d'être indiscret en se mettant imprudemment à l'écoute d'un entretien privé entre spécialistes.

Le but de la psychanalyse est de *« faire sortir »* et de verbaliser, tout ce qui, refoulé dans l'inconscient, est cause de souffrances plus ou moins paralysantes. C'est là ce qu'offre Marie de la Trinité à son analyste : le récit de sa verbalisation.

Mais une question se pose ici : tant de temps après les quatre année d'une cure psychanalytique demeurée apparemment sans effet sur les souffrances mentales qui l'avaient motivée, qu'est-ce qui a pu déclencher cette soudaine verbalisation et ouvrir, bien *a posteriori*, le chemin d'une guérison ? Comment comprendre la mystérieuse relation entre ces quatre ans de psychanalyse et la cure de sommeil à l'hôpital de Bonneval ?

C'est pourtant bien grâce à l'approfondissement des méthodes d'analyse que Marie de la Trinité va comprendre ce qui lui arrive. Et nous aider à le comprendre. La période de *« cure de sommeil »* a été pour elle une période de souffrance totale, indicible – bien plus terrible encore que toutes les souffrances endurées pendant des années avant d'entreprendre une psychanalyse.

C'est à partir du récit de ces douze jours de douleur insoutenable, de ces douze journées d'épouvante, que Marie de la Trinité nous fait entrer dans le périple qui va la conduire enfin vraiment *« de l'angoisse à la paix »*.

Durant ces douze jours, Marie de la Trinité a été enfermée dans un hôpital psychiatrique et traitée – en réalité scandaleusement *maltraitée* – pour y subir, à sa demande, une *« cure de sommeil »*.

Dans ces années-là – les années cinquante –, la psychiatrie, il faut se le rappeler, commençait tout juste de s'ouvrir à certains traitements biologiques des maladies mentales. C'est ainsi que nous étions, par exemple, vivement impressionnés par certaines publications récentes venues d'URSS, décrivant ces fameuses *« tours de silence »* édifiées dans leurs hôpitaux psychiatriques, dans lesquelles ils enfermaient des malades mentaux gravement atteints. Les patients y étaient soumis à un isolement total, sans aucun contact avec la lumière ni avec le moindre son, ni évidemment avec aucune personne.

Les Soviétiques appelaient cela *« cure de sommeil »*, car les patients, semblait-il, dormaient en permanence. Et leurs publications mentionnaient des résultats très positifs, des améliorations surprenantes...

Nous n'avions pas les moyens de les imiter. Mais, considérant que le principe bénéfique de cette méthode était probablement dû à l'isolation totale du cerveau, nous nous sommes efforcés de l'obtenir par médicaments. Il fallait agir sur le système nerveux dont le fonctionnement est indispensable aux relations de la personne avec elle-même et ce qui l'entoure.

Sans aucun lien avec la psychiatrie à cette époque, le Professeur Laborit avait mis au point un cocktail de substances chimiques qui évitait le *« choc biologique »*, souvent mortel, des grands blessés d'Indochine lors de leur rapatriement par avion. Le principe d'évitement de ce choc consistait à déconnecter chimiquement certains niveaux du système nerveux central. On donnait à ce mélange de substances chimiques le nom de *« cocktail lytique »* – c'est-à-dire *« qui coupe »*.

Pour obtenir le genre de déconnexions nerveuses – c'est à dire d'isolement – que devait procurer la *« cure de sommeil »*, les psychiatres occidentaux ont donc utilisé ce cocktail de Laborit... Les doses des différents produits du cocktail variaient, un peu par tâtonnement, il faut l'avouer, selon la gravité du cas à traiter.

Pour des psychiatres travaillant en hôpital psychiatrique, le cas de Marie de la Trinité n'était pas un *« cas grave »*. De fait, les troubles qu'elle a subis montrent qu'elle n'avait reçu qu'un *« cocktail »* de dosage modeste – trop faible pour entraîner une véritable déconnexion nerveuse, mais assez fort pour provoquer une désorganisation mentale affolante... Le problème est qu'elle en avait pleinement conscience et, ne sachant quelle en était la cause, en était bien sûr épouvantée au-delà de toute description.

Au bout de douze jours, Marie de la Trinité exige des infirmières et médecins qu'ils arrêtent le traitement et la laissent sortir de l'hôpital. Il fallait une énergie peu commune pour obtenir ainsi sa permission de sortie !

Elle se retrouve donc *« sur le carreau »*, comme vidée de tout son être. Cette épreuve a-t-elle servi à quelque chose ? Elle souffre toujours de sa dépression : sentiment d'être une mauvaise personne, d'être à jamais coupable des pires manquements et erreurs, d'être incapable d'y remédier, de ne faire que du mal – aux autres, à la congrégation, à l'Église.

Mais elle peut examiner, analyser ces sentiments. Le caractère *obsessionnel* de sa souffrance a *disparu*. Cette forme bien particulière de souffrance la taraudait depuis plus de dix ans peut-être : un déroulement répétitif, inexorable, de cycles de monologues intérieurs, destructeurs, que sont ses *obsessions*. Et surtout ce déroulement qui s'imposait à elle, bloquait tout aussi inexorablement son pouvoir de prier.

Les mauvaises idées sont toujours là mais, du seul fait de pouvoir discuter avec elles, elles ont perdu leur caractère aveuglément taraudant[1].

Alors patiemment, petits pas à petits pas, au sein de sa Communauté qu'elle a réintégrée, utilisant les épreuves de sa vie quotidienne comme stimulants de ses efforts, et aussi comme tests de ses réussites – ou échecs – elle entreprend son retour vers la maîtrise intérieure.

Elle s'apprend à utiliser les événements négatifs de son existence comme des apports enrichissants. Elle entre dans une maturité qui sans cesse s'approfondit. Elle s'ouvre aux autres et apprend à les aider toujours plus, en sachant utiliser même leur agressivité ! Elle recommence à pouvoir prier.

Bref, elle annonce pratiquer sur elle-même une authentique psychothérapie, qui repose largement, on le constate, sur sa culture des grandes traditions philosophiques. Dans ses techniques personnelles pour aller vers la paix, on sent notamment pointer le stoïcisme – *« Ne lutte pas contre un obstacle, contourne-le »* – ou les sagesses de l'Inde – *« Si on te pousse par devant, recule, si on te pousse par derrière, avance. »*

Marie de la Trinité termine le récit de son acheminement vers *« la paix »* par un salut adressé à son psychanalyste... Mais, en réalité, peut-elle être vraiment certaine que c'est *« depuis la psychanalyse »*, comme elle a la courtoisie de l'écrire, qu'elle a retrouvé la faculté de *« faire lucidement et calmement son choix »* parmi ses *« sentiments, réactions, désirs »* ?

1 - L'effet de déclencheur positif de la *« cure de sommeil »* que Marie de la Trinité attribue au choc créé par l'extrême inhumain de sa sensation de souffrance, a peut-être (probablement) été le fait des médicaments utilisés dans le fameux cocktail. On a connu plus tard l'effet psychotrope bienfaisant de certains d'entre eux, comme le Largactil, le premier vrai médicament de la schizophrénie. Ce qui agit contre cette maladie, peut aussi soulager certains de ses symptômes apparaissant isolément, indépendamment donc de la maladie. C'est par exemple le cas de la névrose obsessionnelle sérieuse.

Dans ce cours texte en marge de l'expérience spirituelle mais au cœur même des tourmentes de la recherche intérieure, apparaît ainsi sous un jour nouveau cette personnalité exceptionnelle, plus proche de nous encore d'avoir vécu jusqu'au dernier abaissement la misère de notre condition, plus grande encore de l'avoir surmontée.

C'est pourquoi, bien autrement que ses grands textes spirituels mais avec non moins de fruit, ce livre peut nous accompagner, et peut-être nous guidera, bien longtemps après que nous l'aurons refermé.

L'ouvrage de Marie de la Trinité paraît ce mois d'octobre aux éditions Arfuyen, qui publie l'ensemble de l'œuvre (trois petits volumes parus).

*
* *

Celle qui était « La Jeune Homosexuelle »
par Ines Rieder et Diana Voigt

Premier extrait

... Ces brèves rencontres quotidiennes deviennent une précieuse habitude durant plusieurs mois. Sidonie est ravie d'avoir le droit d'être presque chaque jour aux côtés de la femme qui lui plaît comme aucune autre encore, tandis que cette jeune admiratrice a pris à sa façon une certaine place dans le cœur de Léonie.

Un jour cependant, la malchance vient mettre fin à cette situation, sous les traits d'Antal Csillag, le père sévère et vigilant de Sidonie. Antal Csillag a son bureau dans un immeuble tout près du *Theater an der Wien*, théâtre qui se situe, lui aussi, sur la Linke Wienzeile, entre la Sécession et la Kettenbrückengasse. C'est de ce bureau qu'il gère ses agences disséminées au loin.

Sidonie a toujours soigneusement évité de rencontrer son père quand elle est avec Léonie. Sans doute a-t-il eu vent de sa nouvelle relation car il lui a signifié déjà plusieurs fois qu'il ne souhaitait pas qu'elle fréquente certaines dames. La réputation de Léonie von Puttkamer n'est pas des meilleures à Vienne : elle est connue dans toute la ville pour sa beauté, mais la moitié des Viennois savent aussi qu'elle est une cocotte, une prostituée de luxe, et par-dessus le marché une « invertie », une lesbienne.

Un jour, pourtant, cela arrive et Sidonie est saisie de frayeur. De l'autre côté de la rue, elle aperçoit son père en compagnie d'un homme en qui elle reconnaît l'un de ses collègues. Son père l'a certainement vue et s'apprête sans doute à traverser pour lui demander des comptes. Elle est désemparée. Désespérée, elle regarde Léonie, puis à nouveau son père qui serre la main de son collègue et prend congé. Il faut agir.

Naturellement, Léonie remarque la soudaine agitation de son accompagnatrice. Mais avant même qu'elle ait pu lui en demander la raison, Sidonie s'est détachée d'elle en murmurant : « Mon père, là-bas... », puis a brusquement disparu. Elle court dans la direction inverse en haletant. S'arrêtant quelques secondes pour se retourner, elle remarque avec étonnement que son père ne lui prête aucune attention, au contraire, il est monté dans le tramway.

Sidonie respire avec soulagement et réfléchit à ce qu'elle doit faire à présent. Elle se sent toute honteuse – elle a trahi Léonie. Elle lui doit des explications. Vite, elle rebrousse chemin et court rattraper celle qui entre-temps a poursuivi sa route. Lorsqu'elle la rejoint, l'expression du visage de Léonie ne présage rien de bon. Froide et renfermée, elle ne lui jette qu'un bref coup d'œil et continue d'avancer. Au lieu d'un sourire aimable, Sido n'est gratifiée que d'un ironique haussement de sourcils. *(p. 25-27)*

Second extrait

Antal Csillag attachait peu d'importance à la foi de ses ancêtres. C'était seulement par amour pour sa mère qu'il fréquentait la synagogue à l'occasion des grandes fêtes, aussi longtemps qu'il habita Budapest. Peu après, il avait quitté la communauté juive. La seule concession qu'il accordait à sa très croyante mère consistait à ne pas se laisser baptiser dans une autre religion. Mais il souhaitait rendre la vie plus facile à ses propres enfants afin qu'ils n'aient pas l'air de pauvres juifs de l'Est. Il avait donc proposé à sa future femme de faire baptiser leurs enfants à naître dans le catholicisme.

Emma donna son accord, mais exigea en échange la promesse qu'ils déménageraient dès que possible pour Vienne. Elle voulait revenir dans sa ville natale, oublier tout ce qui lui rappelait Lemberg. Antal y voyait d'autant moins d'inconvénients qu'il projetait de fonder sa propre entreprise, et la ville de Vienne était le tremplin nécessaire à une rapide ascension sur l'échelle sociale.

Ils se marièrent en 1897. En 1899, encore à Lemberg, Emma accoucha de leur premier fils, Heinrich, et, en avril 1900, de Sidonie. Quelques jours après chaque naissance, Antal et Emma s'étaient rendus à l'église catholique la plus proche pour faire baptiser les nourrissons. C'étaient des baptêmes « couchés », pas comme chez de nombreux juifs qui n'adhéraient qu'à l'âge adulte et donc « debout » à leur nouvelle communauté religieuse. À présent, les Csillag étaient dans le dessus du panier, tout allait s'arranger.

Comme cette patiente d'habitude si blasée devient étrangement loquace au moment où elle raconte ce détail ! Voici la troisième fois qu'elle lui sert cette histoire chrétienne, se dit Freud. Elle manifeste une émotion inhabituelle pour elle, et aussi un soupçon d'arrogance.

Il ne connaît que trop bien ces gens et les familles qu'ils fondent. Dans sa propre famille, la situation avait été similaire. Il ne s'était pas trompé dans ses suppositions lorsqu'il avait fait la connaissance du couple Csillag lors de l'entretien préliminaire, il y a quelques semaines. Malgré l'argent qu'ils avaient et la position sociale élevée atteinte entre-temps, les Csillag étaient des parvenus. *(p. 51-54)*

Troisième extrait

À grand-peine, Sidonie se rend tous les matins au Prater. Mais bientôt, cet effort lui est facilité par le spectacle d'un cavalier extrêmement élégant qui apparemment s'entraîne, lui aussi, pour le concours. Elle apprend par son professeur qu'il s'agit d'un certain monsieur von Weitenegg qui a déjà représenté l'École espagnole de la cour à plusieurs concours. Il participera aussi au concours hippique. Ses talents au dressage lui ont déjà valu de nombreux prix.

Depuis la mort de Fritz, elle n'a plus vraiment regardé un homme, mais celui-ci lui plaît énormément. Chaque matin, elle s'efforce d'arriver à l'entraînement avant lui ; comme il est facile de se lever soudain... Certes, l'idée que von Weitenegg puisse la voir à cheval lui est désagréable, il est trop évident qu'elle n'est pas une championne. Lui, en revanche, est un dieu en culotte de cheval taillée sur mesure. Droit comme un « i », dans une tenue impériale et pourtant décontractée, il passe au trot devant elle. Il réussit sans effort à dominer sa monture, en se contentant de lui donner quelques indications claires et nettes. En descendant de cheval après deux heures d'exercices de dressage, il a l'air de sortir tout juste du vestiaire. Il chasse seulement la poussière de sa botte d'un coup de gant en peau de chevreuil claire. À sa vue, Sidonie commence à ressentir des picotements : ce sont justement sa tenue souveraine et son attitude distante et grave qui l'attirent. Plusieurs jours de suite, elle s'arrange pour cesser l'entraînement au moment où monsieur von Weitenegg descend de cheval. Comme par hasard, elle laisse tomber l'un de ses gants ; lorsqu'il le ramasse aussitôt pour le lui rendre galamment, tout en lui lançant un regard scrutateur, elle lui adresse un sourire ravi du haut de sa selle. *(p. 173-174)*

Le livre, Sidonie Csillag, homosexuelle chez Freud, lesbienne dans le siècle, *paraît aux éditions Epel fin octobre. Le titre donné aux trois extraits est de la rédaction. Nous donnons à la suite l'avant-propos du livre à paraître en français, qui est suivi d'un extrait de l'avant-propos de l'édition originale.*

Ce 9 juin 2001, on célèbre, à Vienne, le centenaire de la naissance de Jacques Lacan. Thème choisi : le passage à l'acte (ce concept lui est dû). On m'invite à intervenir. Il se trouve qu'après avoir étudié celui des sœurs Papin, puis celui de Marguerite Anzieu (l'« Aimée » de Lacan), je suis en train de présenter à ceux qui participent à mon séminaire le passage à l'acte de ladite « jeune homosexuelle », ou, plus exactement, les deux versions de ce passage à l'acte, fort différentes à vrai dire, que Lacan construit à plusieurs années d'intervalle.

L'ultime, en 1963, lui sert d'appui pour une reformulation, majeure autant que méconnue, du sens du « retour à Freud », mot d'ordre proclamé à Vienne en 1955. Un demi-siècle plus tard, l'occasion m'était ainsi offerte d'aller dire, en ce même lieu, autrement dit au bon endroit, qu'il s'agissait pour Lacan, depuis 1963, d'un « retour à... ce qui manque à Freud ». On mesure le pas de côté.

Mais une surprise de taille m'attendait. À la suite de mon exposé, le professeur August Ruhs, qui présidait la séance, prononça un long discours en allemand, auquel je n'entendis presque rien, mais à l'issue duquel il m'en dit, en français, la substance : pour la toute première fois publiquement, il venait de déclarer qu'il avait récemment rencontré la « jeune homosexuelle » de Freud, devenue, depuis, une très vieille dame.

Il croyait aussi savoir que deux lesbiennes s'étaient longuement entretenues avec elle, peu avant sa mort, et avaient rapporté ses propos sous la forme d'un récit de sa vie, celle d'une lesbienne tout au long du XXème siècle. Leur livre était récemment paru.

Ines Rieder et Diana Voigt ont proposé aux membres viennois de l'International Psychoanalytic Association de venir leur en parler. Si ceux-ci ont pu – en privé – réserver un accueil favorable au livre, ils ont cependant catégoriquement refusé de le discuter en public. Par cécité sur « ce qui manque à Freud » ?

Publié en 2000 par Deuticke (l'éditeur de Freud), ce livre a, depuis, fait l'objet en Allemagne d'une édition de poche. Le voici donc en français, traduit par Thomas Gindele que je ne saurais, ici, trop remercier. – Jean Allouch

La personne qui dans ce livre s'appelle Sidonie Csillag portait en réalité un autre nom. C'est à sa confiance et à son amitié que nous devons la chance d'être devenues ses biographes. Nous avons respecté la promesse que nous lui avons faite de modifier les noms, pour elle-même, sa famille et quelques rares ami(e)s. Tous les autres noms, personnages et événements correspondent à la réalité historique. – Ines Rieder, Diana Voigt

PRÉSIDENTS

Connaissez-vous madame Mayawati ?, par Catherine Clément

DEUXIÈME SEMAINE DE JUIN À PARIS, EN 2003. Un personnage considérable est en visite officielle en France : à elle seule, elle incarne des centaines de millions d'êtres humains qui, grâce à sa consécration, passent du statut de sous-homme à celui d'homme. Cette personne est également en charge d'un État de 160 millions de citoyens vaste comme la moitié de la France, dont elle est le Premier ministre. C'est une femme assez jeune, une grosse quarantaine. Elle est la plus connue des intouchables en Inde, et *Chief Minister* de l'Uttar Pradesh. Elle s'appelle Mayawati. Avez-vous entendu parler de son passage à Paris[1] ?

Ça m'étonnerait.

Mais peut-être aurez-vous aperçu, un mois auparavant, la « une » que le *Figaro Magazine* a consacrée à l'Inde. Oh ! Rien de surprenant. Une mignonne indienne aux lèvres surgonflées, mains peintes au henné, guirlande de jasmin sur l'oreille, parure au front, maquillage de points blancs au-dessus des yeux, sari du Rajasthan rouge et blanc. On ne fait pas plus faux, on ne fait pas plus toc. Titre : « Quand l'Inde s'éveille ». À l'intérieur, jeunes stylistes, Taj Mahal, Pascal Bruckner et Ravi Shankar. Liste des restaurants et boutiques indiennes à Paris. Sortie de films. Tours-opérators en bonne place ; l'occasion ? Une fête donnée par Louis Vuitton à Delhi. Photo : le PDG de Louis Vuitton, le Maharana *(sic)* d'Udaïpur, et un très étrange « prince du Penjab », indiscutablement sikh, alors que, s'il existe des sortes de hautes castes bien planquées chez les sikhs, il n'existe pas de titres « princiers ». Bref, le luxe et la mode chez les snobs de la France et de l'Inde – gros marché potentiel très *Fig Mag*.

Mayawati ? Connais pas.

Comment voudriez vous intéresser ce journal – et les autres – à cette toute petite femme vêtue de blanc, qui porte fièrement des *Nike* qu'elle vient d'acheter, et dont le regard, souvent baissé, foudroie quand il se lève ? Peu de bijoux : deux diamants au milieu de l'ourlet des oreilles, un autre sur l'aile du nez, un bracelet, deux bagues. Aucun maquillage. Cheveux courts, ondulés naturellement. Teint sombre, forcément : les basses castes et les intouchables ayant la peau foncée, seule la peau claire est digne d'intérêt. Plutôt trapue : elle porte une tunique de soie sur un pantalon. Passe-t-elle inaperçue ? Non.

Autour d'elle, les membres de son cabinet s'affairent avec respect. Le protocole français est totalement absent, mais l'ambassade de l'Inde est là, petit doigt sur la couture du pantalon. Eux savent mieux que nous la force qu'elle représente : depuis 1989, les basses castes et les intouchables ont leurs partis. En quelques années, des centaines de millions d'Indiens apparurent sur la scène politique et ça n'a pas traîné : conquête sur conquête dans les États de l'Inde. C'était obligatoire. Dès l'instant qu'ils ont leurs propres partis, basses castes et intouchables représentent une écrasante majorité de citoyens. La suite est prévisible : bientôt,

1 - Mayawati a été contrainte, fin août, à la démission de son poste de ministre en chef ; elle avait été mise en cause dans une affaire de construction d'un complexe touristique proche du Taj Mahal, accusation dont elle affirme qu'elle est sans fondement ; mais ses prises de position politiques ont joué un rôle au moins aussi important dans les pressions dont elle a fait l'objet. Quoi qu'il en soit, il est probable qu'elle n'a pas dit son dernier mot en politique, d'autant qu'elle reste parlementaire.

les « dalits », c'est-à-dire l'énorme masse des exclus, gagneront le pouvoir central, et voilà pourquoi l'événement est considérable.

En théorie, depuis 1950, les castes sont abolies par la Constitution. Le leader des Intouchables de l'époque l'a rédigée avec soin. Pour son parti, ce formidable juriste, le docteur Ambedkar, avait lancé un mot d'ordre de conversion de masse au bouddhisme, qui permet d'échapper à l'hindouisme. Madame Mayawati a lancé le même mot d'ordre l'an dernier ; elle a dans sa chambre à coucher une statue en or du docteur Ambedkar.

Je lui ai demandé si elle gardait quelque chose en elle de « la foi hindoue ». Question obscène : gêné, mon interprète, numéro deux à l'ambassade de l'Inde, utilisa force circonlocutions en hindi avant de la poser. Elle sourit. Non, vraiment, la foi hindoue ne la concerne pas – on aurait été surprise du contraire. Lui reste l'élémentaire et vague conviction indienne qu'il existe du divin dans l'univers – seul Nehru eut l'audace de se déclarer athée et matérialiste, et il n'eut pas de succès sur ce point-là. Toutefois, comme je connais un peu l'importance religieuse des pierres qu'on porte aux doigts, je questionnai madame Mayawati sur ses bagues, prescrites, selon la tradition, par un astrologue patenté. La réponse vint très vite : l'une est le Soleil, et l'autre Jupiter. Comprenez : je suis assez forte pour assumer. Au vrai, on n'avait pas besoin de bagues pour le savoir.

Elle répond avec précision sur ses plans pour purifier l'eau en Inde, où il arrive que même des marques d'eaux minérales soient polluées. Elle m'en parle avec un brin de rigolade au fond des yeux, l'air de dire : « Ce n'est pas à moi qu'on va faire le coup de la pureté brahmanique ! » Pour s'y mettre, il fallait une impure de naissance, qui, en ayant reçu l'héritage depuis trois mille ans, sait ce que signifie l'hindouisme, la plus inégalitaire des saloperies. On y a le droit de déféquer dans l'eau du Gange, dont la pureté est garantie religieuse, mais qu'un intouchable vienne à regarder votre repas, si vous êtes brahmane, le repas est souillé. En matière de souillure, rien de plus performant qu'un intouchable, et si c'est une femme – encore plus souillon –, la révolution culturelle n'en marchera que mieux. Elle avance. Le vrai éveil de l'Inde, ce sont les intouchables et les basses castes.

Pour l'instant, un gouvernement nationaliste hindou, où dominent les brahmanes, prône ouvertement l'avènement d'un « État hindou » (Hindutva) dans lequel les non-hindous n'auraient pas la citoyenneté. Comme Le Pen a ses harkis et ses noirs, ces nationalistes ont leurs intouchables – évidemment. Les non-hindous, ce sont 150 millions de musulmans, 25 millions de chrétiens et quelques grosses dizaines de milliers de Parsis. Sikhs, jaïns et bouddhistes étant reconnus comme « de souche hindoue », tous les autres sont vulnérables, ça fait du monde, mais ce n'est pas le sujet. Curieusement, en regardant madame Mayawati, j'ai eu le sentiment que le gouvernement actuel de l'Inde cherchait avant tout à éviter le déferlement des exclus. Stratégie de brahmanes, bons réflexes de classe.

Pour gouverner son grand État, Madame Mayawati a conclu une alliance avec eux. Son chef de cabinet me précise très vite : « Mais pas sur le plan idéologique ! » Tiens donc ! Et pour quoi faire ? Pour apprendre les techniques et manières du pouvoir ? C'est possible. Je me souviens avoir vu, devant la stèle du Mahatma Gandhi, un *Chief Minister* de basse caste éperdu de trac devant la gestuelle officielle de la cérémonie : personne ne lui ayant indiqué la posture, il fit en tremblant le salut militaire, grosse gaffe émouvante, le Mahatma aurait bien ri. À elle seule, cette erreur protocolaire en disait plus long sur le statut des basses castes qu'un traité de sociologie. Elle, la petite dame, elle apprend. Visiblement, elle se prépare. Si on ne la gâte pas avec l'idolâtrie qu'en Inde, on porte aux chefs charismatiques, nous entendrons parler de madame Mayawati.

*
* *

Révélations argentines, par German Garcia

Ubi sunt. Où sont les démocrates ?

EN ENTENDANT NESTOR KIRCHNER LE 25 MAI DERNIER, je n'ai pas pu m'empêcher de penser que, grâce à lui, la question que posait François Villon dans sa *Ballade des dames du temps jadis* trouvait enfin sa réponse : *Ubi sunt*... les neiges d'antan ? Mais où, en effet, sinon dans le sud de la république argentine, là où à l'aube, elles habillent d'or Perito Moreno, le glacier majestueux. Voilà d'où il est venu, ceint de l'écharpe présidentielle, jouant de son image, mais sûrement pas avec les mots de son discours. « Mais où sont... ? *ubi sunt ?* » Ces mots, qui ouvrent nombre de poèmes écrits en latin médiéval, caractérisent aussi dans l'actualité un type particulier de poésie, celle qui chante en pleurant le caractère éphémère de la vie et de sa beauté.

Invité en 1915 par la Berliner Goethebund à répondre à cet *ubi sunt... ?*, Freud, dans son hommage au grand homme, recourut à la *Vergänglichkeit*, et comme l'hommage allait être inclus dans un livre collectif qui l'année suivante paraîtrait sous le titre *Le pays de Goethe* (*Das Land Goethe*), il en profita pour traiter l'événement-guerre qui a non seulement « ravi au monde sa beauté », mais a « fait aussi défaillir l'orgueil que nous donnaient les réussites de notre culture, notre respect à l'endroit de tant de penseurs et d'artistes et l'espoir que nous avions de finir par surmonter les différences entre les peuples et entre les races ».

N'oublions pas qu'il s'agit d'un message venant de Vienne adressé à une institution berlinoise : au fond, Freud a fait son deuil de Goethe. La guerre, dit-il, « a sali l'impartialité de notre science, elle a fait apparaître notre vie pulsionnelle dans sa crudité [...], elle nous a férocement arraché tout ce que nous avions aimé et nous a montré la précarité de maintes et maintes choses que nous avions jugées éternelles [...] ».

C'est alors que le *Ubi sunt... ?* de Freud, rapporté à ses idéaux éclairés (*Aufklärung*), à son identification à Goethe et à son désenchantement vis-à-vis de la culture allemande, débouche sur une nouvelle fureur romantique : « Ce n'est pas une surprise que la libido, ainsi appauvrie de ses objets, se soit aussitôt rabattue sur l'amour de la patrie, la tendresse envers nos proches et l'orgueil pour ce qu'il nous reste de commun. » Freud ne recule pas devant la chute : la libido fait devise du proverbe bien connu : *Une de perdue, dix de retrouvées.*

Le rêve de K.

Nestor Kirchner a prononcé le 25 mai dernier son discours d'investiture à la Présidence de l'Argentine. Selon l'usage, le nouveau président a fait état des problèmes présents à l'horizon de son mandat et il a formé le vœu (*Wunsch*) d'y apporter des solutions adéquates.

Même s'il ne voulait parler que de l'avenir, il ne put éviter d'évoquer le passé. Au cours de sa campagne, il avait désigné la décennie des années 70 comme celle des idéaux : la militance politique, la fin de ses études, et même la rencontre de celle qui l'accompagne depuis lors. Or, il se trouve que ces mêmes années 70 furent aussi pour n'importe quel Argentin la décennie d'un coup d'état militaire, celle des « disparus » et des exilés politiques.

Le *ubi sunt... ?* de Nestor Kirchner est ainsi traversé par une ligne de haute tension sur laquelle danse, formidablement équivoque, son « où sont... ? ». Ce pourquoi le président a conclu, en martelant le mot « rêve » : retournons à nos rêves, retournons à nos croyances.

Nous supposons que ce « retournons » n'est pas sans savoir que la répétition ne retourne pas... à l'identique. Nestor Kirchner n'a pas pu ne pas se rappeler qu'il y a trente ans, c'est Héctor Cámpora qui entrait en fonction comme président pour l'anniversaire de la Révolution de 1810, au nom de Juan Domingo Perón.

Autre rêve, auquel il fallut peu de temps pour virer au cauchemar.

Retourner à nos croyances et à nos rêves… Mais où sont ceux qui n'y sont plus, et ceux que désirent ceux qui sont nés depuis ? Une partie des exclus sont, certes, revenus, mais chargés d'ans et du poids de ceux qui décidément n'y sont plus.

Le tableau actuel présente sur la droite de Kirchner des forces à peine déplacées, sur sa gauche une attente méfiante et, de tous les côtés, le chômage lourd de conséquences. Kirchner aussi est péroniste, de même que Duhalde qui s'en va et Menem qui s'est refusé au ballotage. Les conséquences de cette pluralisation, que l'on pourrait rapprocher de celle que Jacques-Alain Miller a décrite dans son « Tombeau de L'Homme-de-gauche », sont peu prévisibles, mais on dirait qu'est sur le point de se produire un glissement du « péronisme » au « justicialisme » – terme dont le flou et les résonances dissolvent la consistance du premier.

Ainsi, le coup d'état militaire de 1976 nommé « *El proceso* » sonna le réveil de la génération de « K. », comme on a commencé à appeler le président. C'est là ce qui nous empêche de crier en mémoire du Père Ubu : « Vive la démocratie, parce que s'il n'y avait pas la démocratie il n'y aurait pas de démocrates. » Jacques Lacan, en effet, nous a fait savoir que la démocratie ne saurait se limiter au droit de désirer en vain. Où sont donc les démocrates qui l'entendent ? Nous les trouverons peut-être, quand les neiges d'antan auront fondu et lorsque notre libido aura remplacé le passé composé par le futur antérieur, le temps verbal qui convient au désir.

*
* *

Lettre à Lula, par Jorge Forbes

São Paulo, le 11 août 2003

CHÈRE DONA MARISA, CHER PRÉSIDENT LULA,

Des amis, que nous avons en commun, m'ont suggéré de vous écrire une lettre rapportant de façon brève, claire et directe l'essentiel des opinions que j'ai eu l'occasion de manifester dans la presse, en particulier en ce qui vous concerne, Monsieur le Président, et un peu également au sujet de récents épisodes qui ont concerné Dona Marisa. L'idée m'a plu, je la mets en pratique ici même.

Mon interprétation, en synthèse, est que le « Président Lula » représente un nouveau type de leader d'avant-garde, propre à la mondialisation et à tel point nouveau, inhabituel et surprenant que la plupart des gens, même les personnes les plus proches et les plus chères, finissent par essayer de le faire rentrer dans de vieux modèles ; les uns par peur de s'y perdre, les autres pour ne pas pouvoir supporter la surprise.

Faisons une analyse du moment de la passation des pouvoirs et de quelques épisodes immédiatement après.

L'investiture. La Rolls-Royce avait du mal à se frayer un passage dans la foule qui se pressait sur l'Axe monumental de Brasilia. Le Président était littéralement dans les bras du peuple. Ce n'était qu'affection et tendresse, mais on put craindre, si ce n'est pour sa sécurité, pour le moins pour son intégrité physique, à la merci de ses admirateurs enthousiastes.

L'entrée dans la salle de L'Assemblée nationale, s'inscrivait dans la suite de la fête populaire : députés et sénateurs répétaient l'euphorie de la rue, tous voulaient l'approcher, le toucher, échanger un regard. Le Président monte à la tribune et prend sa place – le chœur du législatif entonne le refrain de la campagne électorale – le climat frôle le carnavalesque. Et vous, Monsieur le Président, vous prenez la parole et commencez en déclarant : « D'accord, brisons le protocole ; mais pas trop quand même. »

Que de choses en une phrase presque banale. Protocole et non-protocole, règle et émotion ; en cette phrase se condensait déjà le nouveau du Lula-leader, annoncé durant la campagne sous le « *Lulinha-paz-e-amor* », authentique en sa nouvelle forme d'action politique : règle, ou raison, avec émotion. Mais pas n'importe quelle émotion : exemplaire à ce titre fut, à ce moment-là, le fait que vous soyez parvenu à vous maintenir sobre et inflexible au chant mièvre d'un politicien qui dans son discours vous proposait une fausse identité d'origine commune ; puis, après la cérémonie d'investiture, dans votre discours de la terrasse du Palais du Planalto, devant les télévisions du monde entier, vous faisiez tendrement l'éloge de l'élégance et du charme de votre femme : « Marisa, comme tu es belle ce matin… »

Jusque-là, au Brésil, l'affect avait été l'apanage des politiciens de droite, un « mauvais » affect, paternaliste, que l'on peut trouver chez Antonio Carlos Magalhaes ou Paulo Maluf, pour ne citer que les plus en vue. Les hommes politiques de gauche ont toujours entendu l'affect comme dangereux, comme trompeur. Ils ne voulaient pas que l'électeur corresponde à un sourire, mais à un graphique plein d'indices et de tableaux, rempart de sobriété et d'objectivité. L'affect chez vous, Monsieur le Président, n'est pas mauvais car il n'est pas paternaliste, et moins encore trompeur, ou faussement séducteur ; votre affect est nouveau, en accord avec la nouvelle ère dans laquelle nous entrons – la mondialisation – ère postmoderne, qui renonce à faire de la raison l'élément privilégié dans la prise de décision. Toute raison, pour mieux et pour aussi longtemps qu'elle soit pensée, est incomplète, ce qui fait en sorte qu'il n'y a pas de décision sans risque, sans affect complémentaire d'une raison impossible. Et ceci, Monsieur le Président, vous le faites à l'évidence.

Je doute que vos compagnons de parti vous comprennent ; je doute que la presse, que les journalistes vous comprennent. Vos camarades ne laissent pas passer une journée sans vous réclamer le respect scrupuleux des articles de foi du parti ; la presse reste aux aguets d'une thèse médiocre et populacière : Lula, l'ouvrier, le métallo, sera en difficulté quand il sera confronté au rituel de la charge présidentielle.

Cela se passait quelques jours après l'investiture : un journal de São Paulo, à l'affût de ragots derrière le rideau d'arbres de la « Granja do Torto », publie en première page une photographie : le Président, vous, en maillot et short, crampons aux pieds, jouant votre petite partie de foot avant le barbecue. Il s'agissait de faire passer l'idée que vous ne supporteriez Brasilia qu'à la condition de trouver un coin qui vous permettrait de recréer votre São Bernardo d'adoption. On pariait pour savoir si vous iriez habiter la résidence officielle du Palais de l'Alvorada, ou si, intimidé par la magnificence des lieux, vous préféreriez la simplicité du « Torto ». Quelle belle surprise de vous voir emménager au Palais de l'Alvorada, un jour avant la date prévue. Vous avez fait taire les oracles mesquins, vous avez brouillé les expectatives réactionnaires.

Mon dernier exemple, je le prends de vos premières semaines de gouvernement, est le fait que vous vous soyez rendu, à la suite, à Porto Alegre puis à Davos. Là s'est fixée ce que j'appellerai la politique de l'impossible, pour l'opposer à la politique de puissance. Impossible, car il n'y avait aucun élément qui permette de justifier cette union particulière, si ce n'est la volonté et l'audace, Monsieur le Président. Le lien en fut votre corps, votre présence qui prit le risque de déplaire aux uns et aux autres. C'est cette politique qui me fait penser que vous êtes en train d'inaugurer une nouvelle forme *leadership*. C'est une leçon, comme l'a dit à l'époque le journal *Le Monde* vous appelant « le Professeur Lula », dans un éditorial intitulé « La leçon de Lula ».

À l'opposé de l'impossible, persistent les leaders du vieux modèle de la puissance : mon impuissance d'aujourd'hui est ma puissance de demain ; on me détruit deux buildings, j'anéantis un pays.

Monsieur le Président, votre attitude d'avant-garde, comme je le disais, peut ne pas être comprise de vos coreligionnaires, et pour parodier Ruy Barbosa, le retour de vos doutes sur vous-même peut vous faire douter de vous-même. Peut-être cela s'est-il déjà produit.

Un mot au sujet des bijoux prêtés à la première dame. La manipulation manichéenne à laquelle s'est livrée une partie de la presse a été claire. Les moralistes de service ont commencé à soutenir l'idée que cela pourrait amener un certain embarras, que cela pourrait être compris comme une quasi-corruption. Peu après, Dona Marisa, vous rendiez ces bijoux. Si j'avais eu l'occasion de vous parler, je vous aurais cité une formule que j'ai adaptée à partir de Disraeli : « Ne vous expliquez pas, ne vous justifiez pas. » Cette maxime n'est pas une invitation à la tyrannie, ni à l'arrogance. Elle dit simplement le prix que l'on paie à sortir de ce que l'on attend de l'ordre uni. Carlos Drummond de Andrade, dans la préface de ses œuvres complètes, rapporte que sans l'insistance de quelques amis qu'il admirait il n'aurait jamais publié un poème qui répète sept fois, « il y avait une pierre au milieu du chemin ».

La question des bijoux prêtés a été encore une de celles qui ont été traitées à la vieille aune des époques passées.

Ceux qui firent ces commentaires ne savent peut-être pas que le luxe a commencé à être perçu comme futile et superficiel à partir de la Révolution française, c'est-à-dire depuis un peu plus de deux cents ans. Jusque-là, et ceci depuis le paléolithique, le luxe avait été la marque du lien divin de l'homme et de son dieu. Cet aspect, réinterprété pour notre époque, a tendance à renaître : le luxe – non pas celui exclusif par le prix ou la rareté – mais le nouveau luxe « customisé » reviendra comme expression de l'identité. Elle n'est ni bête, ni superficielle, la garde-robe de la première dame. Elle est de son essence même, donc essentielle. L'éclat de votre présence, lors du récent voyage en Espagne, en témoigne.

Pour conclure, chère Dona Marisa et cher Président, le Brésil, et pourquoi ne pas le dire, le monde, vivent une expérience d'expectative unique à travers vous. Le Brésil n'est un pays du Tiers Monde que lorsque la mesure est celle du développement économique, exprimé en indices et tableaux. Mais si le critère économique cède la place au paradigme du désir, de l'invention, de l'audace, alors on le verra en bien meilleure position sur la photo.

Ce n'est pas pour être un ouvrier qui est parvenu à la Présidence, que Lula est une nouveauté, il y en a eu d'autres ; ce n'est pas pour ne pas avoir fait d'études universitaires, il y en a eu d'autres ; la nouveauté Lula, c'est la jonction singulière de la raison et de l'affect, alliée à une audace enthousiaste et créative. Serait-ce le modèle des leaders de la troisième ère ? Cela est bien possible, et il nous échoit la bienheureuse chance d'avoir à le prouver.

« Ne vous expliquez pas, ne vous justifiez pas », l'important c'est que vous mainteniez toujours vivant un *quantum* de certitude inexplicable dans vos actions.

Lula ne s'explique pas, il se montre. Il est singulier le Président du Brésil.

Avec respect et amitié, Jorge Forbes

PS – La revue française *Élucidation* m'a demandé un article sur le Brésil sous la nouvelle présidence. Je prendrai la liberté de leur envoyer une copie de cette lettre.

Nous apprenons que le Président après avoir reçu cette lettre a eu une longue conversation avec son correspondant (NDLR).

AGGIORNAMENTO

« Freud as literature », ou ce que révèle
la nouvelle édition de Freud par Adam Phillips
par Adam Kirsch

L'ÉDITION DITE *STANDARD* DE FREUD, QUI FUT LA PREMIÈRE ÉDITION complète de l'œuvre, et qui se monte à vingt-quatre volumes, a eu sur la littérature du siècle dernier une influence incalculable.

La traduction, due à James Strachey, le frère de Lytton, et publiée entre les années 50 et 70 par la *Hogarth Press* de Virginia Woolf, a doté l'anglais d'un vocabulaire complètement inédit jusqu'alors. On peut vraiment remercier Strachey de nous avoir donné le célèbre trio à connotation technique, *id*, *ego*, et *superego*, là où la traduction littérale nous aurait infligé *it*, *I*, et *above-I*. Plus important encore, c'est par le biais du Freud de Strachey que la théorie freudienne est passée dans la culture. Comme W. H. Auden l'écrivait dans une élégie à Freud, *« he is no more a person/now but a whole climate of opinion »*, Freud, ce n'est plus quelqu'un, c'est toute une atmosphère, c'est l'air du temps.

Aujourd'hui, comme scientifique, Freud ne fait plus recette. Comme thérapeutique, la psychanalyse a cédé la place à des remèdes réputés plus efficaces, *« therapy »* et médicaments. Quant au texte freudien lui-même, il n'a pas été mis au ban, mais plutôt « refoulé ». Or, la théorie de Freud dit bien que le refoulé fait retour, et sous une forme masquée. C'est ce qui se passe maintenant pour Freud lui-même : son œuvre fait retour, mais cette fois, c'est devenu de la littérature. C'est le cas de la Bible : il y a toute une école qui l'interprète de nos jours comme une œuvre littéraire. Il en va exactement de même pour Freud. Dire *« Freud as literature »*, c'est-à-dire « Freud, un écrivain », c'est tenter de trouver à un texte jadis tenu pour sacré une valeur profane.

C'est toute l'inspiration du projet *New Penguin Freud*, la nouvelle édition de Freud lancée cet été sous la direction d'Adam Phillips, psychologue et homme de lettres britannique. Au lieu de l'édition monumentale d'un traducteur unique, chaque livre sera traduit par quelqu'un de différent, et publié séparément en livre de poche, et ce, dans la série des « Classiques de la littérature », *Penguin Classics.* Pas d'index, pas de notes érudites en bas de page, pas d'effort pour homogénéiser la traduction d'un volume à l'autre. Quant au vocabulaire technique, il a été réduit au minimum : pas une seule *« cathexis »* à l'horizon. Bref, on traite Freud comme un grand romancier parmi les autres, Flaubert, Tolstoï, ou Melville.

Mais tenir Freud pour un écrivain plutôt que pour un théoricien, qu'est-ce que cela signifie exactement ? On peut déjà s'en faire une idée à partir des premiers volumes du *New Penguin Freud,* parus au mois de juin dernier. La façon dont la série a débuté est bien significative. L'éditeur n'a pas commencé par un ouvrage théorique majeur comme *La science des rêves*, ni par une étude d'anthropologie comme *Totem et tabou*. Non, il a choisi de donner le coup d'envoi avec quatre livres d'esprit pratique portant sur des cas concrets, riches en récits et en anecdotes : *Le cas Schreber*, *« L'Homme aux loups » et autres cas*, *Le mot d'esprit et sa relation avec l'inconscient*, et *La psychopathologie de la vie quotidienne.* Cet ensemble suggère qu'il y a quatre façons d'aborder Freud quand on le considère comme un écrivain.

Freud, un auteur de romans de mœurs

Freud croyait avoir découvert dans la vie de l'esprit des mécanismes, des lois, des vérités fondamentales, valables pour tout être humain en tous temps et en tous lieux. Or, ce qui frappe bien plutôt le lecteur d'aujourd'hui, c'est que son œuvre est liée à un moment et à un lieu particuliers : l'Europe centrale à l'orée du XXème siècle, évoquée avec une grande richesse de détails. Quand nous surprenons Freud alors qu'il confond Botticelli avec Signorelli au cours d'une conversation tenue à bord d'un train traversant la Herzégovine, c'est toute l'élégance évanouie de l'esprit cosmopolite austro-hongrois qui reparaît pour un instant. Et, inversement, c'est tout le folklore populaire et l'humour doux-amer d'un monde anéanti par le nazisme, qui revit sous nos yeux quand il fait un catalogue de blagues juives, avec leur sarabande de marieurs, de marieuses, et de Rothschild. Au même titre que Joseph Roth, le grand romancier juif autrichien, Freud est le chantre de toutes les cultures de cette époque, la haute comme la populaire. Quant aux traumas infantiles de ses patients, ils s'inscrivent dans un univers qui nous semble aujourd'hui aussi lointain que celui de Jane Austen : l'écosystème de la haute bourgeoisie, avec ses nurses, ses femmes de chambre, et ses résidences d'été.

Freud, un critique littéraire

Ce n'est pas un secret que Freud a trouvé une bonne part de son inspiration dans la littérature. Ce qu'il a fabriqué de plus célèbre, le complexe d'Œdipe, renvoie à Sophocle. Dans son essai de 1916 intitulé « Quelques types de caractère dégagés par le travail psychanalytique », il fait purement et simplement de la critique littéraire en puisant dans son expérience clinique. Il nous donne de brillants aperçus sur Lady Macbeth, dont le personnage illustre le type de « Ceux que le succès fait s'écrouler », et sur Richard III, l'un de ceux qui croient que le fait d'avoir été blessé fait d'eux des « exceptions », libres de s'affranchir des règles de la morale commune. On sait également que les allusions à la littérature allemande abondent dans ses écrits. Son ouvrage savant sur le mot d'esprit contient nombre d'exemples tirés de Heine – dont il goûte tout particulièrement l'invention du mot « famillionnairement » pour décrire l'amabilité condescendante d'un riche – de Lichtenberg.

Ce n'est pas tout. Plus largement, c'est toute l'approche freudienne des mots d'esprit, des lapsus, des rêves, des souvenirs, qui est celle d'un critique littéraire. Pour lui, tout « texte », depuis un cauchemar jusqu'à un nombre à six chiffres choisi au hasard, a l'inconscient pour « auteur ». Il lit toujours « de très près », et ne cesse de se demander pourquoi, pour exprimer quelque chose, on utilise justement ces mots-là, ces images-là. On pourrait dire que tout l'apport de Freud a été de traiter la conscience dans son ensemble comme un livre, où rien n'est couché par écrit sans raison.

Freud, un détective

Qui s'isole pour réfléchir, médite silencieusement, se livre à des déductions aussi brillantes que soudaines, et s'adonne à la cocaïne ? Ce qui rapproche Sigmund Freud de Sherlock Holmes crève les yeux. Les études cliniques de Freud, « L'Homme aux loups », « L'Homme aux rats », dégagent le même charme et sont chargés d'autant de suspense que des nouvelles de Conan Doyle comme *La ligue de la tête rouge* ou *Le ruban tacheté.* On apporte à Freud un cauchemar où six loups blancs sont perchés sur un arbre, ou une phobie des chevaux. Que fait-il ? Pas plus que le détective, le docteur n'est homme à courir à gauche et à droite. Il préfère rester assis dans son bureau, à écouter tranquillement. Les données s'organisent peu à peu dans son esprit. Et soudain, il désigne triomphalement le coupable. Bien entendu, dans le monde qui est celui de Freud, le coupable, c'est toujours la victime, sous le masque de l'inconscient : ce qui a rendu le sujet phobique ou paranoïaque, ce sont ses propres désirs concupiscents, et la honte qu'ils suscitent en lui. Il y a encore une autre similitude : tout comme chez Conan Doyle, on a souvent le sentiment que Freud arrive trop facilement à la solution, que des données surgissent à point nommé, comme par un tour de prestidigitation. Et c'est ce qui nous conduit maintenant à la quatrième et dernière version de Freud, qui est aussi la plus intéressante.

Freud, un narrateur peu fiable

Dans un roman, le héros principal, d'Emma Woodhouse à Humbert Humbert, a souvent une moindre compréhension que le lecteur, de la réalité qu'il nous décrit. L'auteur nous autorise, voire nous encourage, à réexaminer sa narration. On est très tenté de voir en Freud l'un de ces narrateurs peu fiables, car ses constructions comme ses conclusions sont bien souvent imperméables à toute logique. Sans cesse, il admet carrément que « je sais que je ne convaincrai personne qui ne souhaite être convaincu ». C'est ce que l'on vous dit au prêche : pour comprendre, commencez par croire. Il y a de quoi se méfier à voir Freud sortir invariablement le même lapin de n'importe quel chapeau. Chez lui, qu'il s'agisse d'un paranoïaque dans la force de l'âge, d'un garçonnet craintif de cinq ans, ou d'un jeune homme obsessionnel, le sujet souffre toujours d'un désir refoulé pour le père. Comment lire aujourd'hui le « Petit Hans », où l'on voit un père psychanalyser son fils, sans se demander s'il ne s'agit pas en réalité d'une satire impitoyable de la façon crédule dont on élève de nos jours les enfants ?

Le caractère « peu fiable » du récit ne peut toutefois être ici un procédé littéraire délibéré, car l'auteur et le narrateur ne font qu'un, Freud, qui n'avance jamais une construction sans la défendre avec le plus grand sérieux. Nous touchons là à la limite du point de vue « Freud, un écrivain ». Freud, contrairement à Nabokov, n'aurait certainement pas voulu être lu avec l'indulgence que nous réservons à un auteur de fictions pour des motifs esthétiques. Quelque soixante ans après sa mort, il serait sûrement consterné de découvrir que, si nous prenons plaisir à le lire, c'est à la condition de n'être pas obligés de le croire. – *Traduit de l'américain par Nathalie Georges, Gilberte Lambrichs, et Jacques-Alain Miller.*

Adam Kirsch est l'auteur de The Thousand Wells : Poems *; il est le critique littéraire du* New York Sun.

*

* *

Comment recomposer les Noms-du-Père ?, par Éric Laurent

LA RÉFORME DES FAMILLES SOULÈVE MOINS DE PASSIONS que celle des retraites. Sans doute attend-on davantage, pour le pacte de solidarité entre les générations, des redistributions de l'État que des circuits interfamiliaux. Comme le disait Freud, « ce qui a commencé par le Père, s'achève par les masses »[1]. Les choix de société sur la forme des familles ne soulèvent plus les passions. Cela n'a pas toujours été le cas, et encore récemment, il y avait la famille de droite et la famille de gauche. Madame Balladur et Madame Aznar ne recevaient pas les divorcés, dit-on dans la presse. Mais maintenant que la famille de Monsieur et Madame Sarkozy est recomposée sur plusieurs générations et que madame a un bureau à côté de monsieur, comment s'y retrouver ? « La droite concocte son divorce. La faute demeure. Création d'une séparation unilatérale »,

1 - Freud, S., *Malaise dans la civilisation*, Paris, PUF, 1971, p. 91.

titre *Libération* le 5 mars. Dans *Le Monde*, Madame Jeanne Fagnani directrice de recherche au CNRS est formelle : la famille de droite s'est réconciliée avec la femme au travail et c'est pourquoi la droite va procéder à un *aggiornamento*[1]. On va créer l'allocation unique d'accueil du jeune enfant. Il ne s'agit plus de subventionner la femme au foyer et d'inciter à la division des rôles prônée par l'Église autrefois. Il s'agit d'agir efficacement sur le « retard à la première naissance » comme le recommandent les spécialistes de la politique familiale. On met donc en place une prestation unique dès le premier enfant. Cette prestation doit-elle être « universelle » ou doit-elle être modulée selon les revenus pour satisfaire à l'équité ? Le débat a discrètement porté là-dessus entre associations et responsables. Rien n'a agité les esprits au-delà du raisonnable[2]. La politique familiale est une affaire sérieuse et efficace. La France mécréante dotée d'une politique familiale savante fait beaucoup plus d'enfants que l'Italie du Nord, idéologiquement nataliste mais pratiquement démunie.

Dans la gauche anglo-américaine, les « valeurs familiales » sont examinées à nouveaux frais. Il n'est pas question de les laisser dans les mains de la droite. Le couple Gore a consacré l'intervalle qui séparait l'annonce de l'amère défaite du renoncement à une nouvelle candidature, à la rédaction d'un livre sur les nouvelles familles *Joined at the Heart*[3]. Le succès du livre n'a pas été très probant et les ventes languissantes n'ont pas été pour rien dans la décision finale de M. Gore de renoncer à sa candidature en 2004. Cela ne préjuge pas de l'intérêt de l'entreprise car aux États-Unis, rien de bon n'est considéré pouvoir venir d'un *loser*, contrairement aux *come-back* à répétitions de nos hommes politiques.

La nouvelle famille selon les Gore est une famille ouverte sur sa recomposition. Elle est multi divorcée, ouverte aux familles gay et lesbiennes, comme se dit là-bas « homoparentalité ». Il s'agit clairement de redonner espoir aux esprits de progrès dans la gauche américaine qui est, elle aussi, sonnée. Dans les dernières élections de mi-mandat, la seule mesure originale proposée par les démocrates était le remboursement intégral des médicaments pour les personnes âgées. Cette mesure n'est pas même arrivée à passionner les retraités de Floride. Reconquérir le terrain des familles en recomposition s'avère d'autant plus urgent que la gauche constate que la demande de famille a fait des progrès dans toutes les communautés américaines. On veut des familles comme on veut des enfants. Face à la famille de droite, embarrassée par les prescriptions de la *Christian association*, les familles libérales sont prêtes à satisfaire tous ceux qui désirent une famille recomposée selon les normes les plus variables de leurs souhaits et de leurs communautés. On soupçonne là un optimisme forcé, une « comédie de la recomposition ». Stanley Cavell a écrit, il y a vingt ans, une subtile réflexion sur la « comédie du remariage » telle qu'elle se dégageait des comédies hollywoodiennes d'avant et juste après la W.W.II (le remariage avant la re-guerre)[4]. Un nouvel idéal s'y faisait jour, celui d'une conversation continue, d'un remariage possible avec la même personne, perdue et retrouvée à travers séparation et divorce. S'il fallait poursuivre cette « quête du bonheur » dans le cinéma hollywoodien d'aujourd'hui, je partirais de la comédie si réussie de Woody Allen, *Everybody say I love you.* Woody Allen part du mariage déconstruit, et souligne les inconsistances du sujet moderne, structuré par l'opinion. Il faudrait aussi examiner les séries télévisées comme *Friends*, *Coupling* ou *Manchild* puisque nous baignons maintenant dans un *continuum* vidéo global. Le sujet, dans ce monde-là, ne vit pas dans l'espoir. Il veut, au

1 - Propos recueillis dans *Le Monde* du 18 décembre 2002.

2 - Mathieu, M., « Différents scénarios pour une politique familiale simplifiée », *Le Monde*, 26 février 2003, p. 8.

3 - Gore, A & T, *Joined at the Heart. The Transformation of the Americain Family*, Henry Holt, 2002.

4 - Cavell, S., *À la recherche du bonheur*, Paris, Cahiers du Cinéma, 1993.

présent, se marier et divorcer plusieurs fois, avoir des enfants et s'en séparer, les retrouver tout aussi bien. Il n'en tient pas moins au mariage et à la filiation. Tout repose sur lui, sur son énergie, sur son désir. C'est ce qu'Irène Théry a appelé le « démariage ». « C'est la place sociale de l'institution matrimoniale qui a changé avec la transformation des représentations du couple : le choix de se marier ou non devient *une question de conscience personnelle* et le mariage cesse d'être l'horizon indépassable des relations entre les hommes et les femmes. C'est ce phénomène social que l'on a nommé le " démariage ". [...] Le démariage, plus que le refus ou la crise du mariage, désigne la situation historiquement nouvelle liée à la transformation du lien de conjugalité dans un sens plus égalitaire, plus privé et plus contractuel. Elle pose des problèmes radicalement inédits pour le lien familial. »[1]

Précis de recomposition

Une excellente description de l'état où nous en sommes venus de la mutation du lien familial se lit dans l'examen de « l'aventure de la paternité » effectué dans le numéro spécial hors série du *Nouvel Observateur* qui lui est dédiée[2]. On y perçoit tous les malentendus que le « père » freudien a pu engendrer. La journaliste Sandrine Hubaut, pour introduire un ensemble de contributions, note qu'« il est d'ailleurs singulier qu'aux abords de 1900, la théorie psychanalytique accorde ses lettres de noblesse à la figure du père régisseur de la Loi, au moment même où le mouvement historique porte cette image au déclin inéluctable »[3].

Lacan, dans *Les complexes familiaux*, rend compte dès 1938 de cette singularité. Il a fallu la fin de l'Ancien régime pour qu'apparaisse le père dans sa facticité. « Le sublime hasard du génie n'explique peut-être pas seul que ce soit à Vienne – alors centre d'un État qui était le *melting-pot* des formes familiales les plus diverses, des plus archaïques aux plus évoluées, des derniers groupements agnatiques des paysans slaves aux formes les plus réduites du foyer petit-bourgeois et aux formes les plus décadentes du ménage instable, en passant par les paternalismes féodaux et mercantiles – qu'un fils du patriarcat juif ait imaginé le complexe d'Œdipe. »[4]

Dans ce numéro du *Nouvel Observateur*, Louise Lambrichs extrait très justement des travaux de Françoise Hurstel la nécessité de replacer la crise de la paternité dans une longue temporalité. Elle doit partir de la Révolution française. « [...] le législateur a tenté d'inscrire dans la loi l'idéal révolutionnaire selon lequel " les hommes naissent libres et égaux en droits " – " hommes " ici est à entendre au sens générique comprenant les femmes et les enfants, ce qui dépassait peut-être la pensée des révolutionnaires eux-mêmes. [...] Pour aller très vite, trop vite, on dira que ces effets ont été, entre autres, l'accent mis sur les droits de la femme, puis sur les droits et les intérêts de l'enfant. Une fois déchu le père [...] il faut admettre que son pouvoir est régulé par les lois de la République et que ces lois tiennent compte également des droits des femmes et de ceux des enfants. »[5]

Comme le note Irène Théry, le « nouveau pacte de filiation » dans la famille contemporaine demeure incertain. Pourtant, le besoin de fictions régulatrices de la paternité n'insiste pas moins. La fiction qui régissait la filiation avait un nom : le « Père ». Il ne s'agissait pas des pères dans leur diversité, qui a toujours été grande.

1 - Théry, I., *Couple, filiation et parenté aujourd'hui*, Paris, éditions Odile Jacob, juin 1998.

2 - « L'aventure de la paternité », *Le Nouvel Observateur*, hors série n° 49, décembre-janvier-février 2003.

3 - Hubaut, S., « Regards croisés sur le père », *Le Nouvel Observateur, op. cit.*, p. 23.

4 - Lacan, J., *Les complexes familiaux*, Paris, Navarin éditeur, 1984, p. 73.

5 - Lambrichs, L., « De l'art... d'incommoder les pères ? », *Le Nouvel Observateur, op. cit.*, p. 7.

Le nom de « Père » n'est pas venu simplement. Il nous est venu des systèmes de parenté profondément remaniés par le discours théologique. La religion du père, le Pentateuque, ne nomme pas Dieu comme « père ». Pourtant, tout père ne tire son autorité que de l'élection d'Israël par Dieu. Le peuple élu peut, parfois, par la voix de ses prophètes, penser son élection en analogie à la relation du père au fils. Jésus sera cependant le premier, dans la mouvance des sectes esséniennes, à désigner Dieu comme son « père »[1], sans métaphore. Il fondait donc la religion du fils. Elle pourra absorber toutes sortes de systèmes de parenté, du monde sémite au monde celte en passant par le monde héllénistico-romain. Le lien entre Dieu le père et un père est spécialement illustré par la figure de saint Joseph. Le père divin réduit l'humain à une position d'adoptant. L'honneur qui est dû aux parents passe par leur fonction de médiateur. Il fait « l'objet du premier commandement de la seconde table. Peut-être en raison du ministère de médiateurs de la paternité-maternité divine qu'ils assument auprès de leurs enfants », comme dit le père Joseph-Marie Verlinde[2]. On sait combien cette distance a choqué la Chine lorsqu'elle a rencontré le catholicisme. « Chez eux, écrit Zhang Guangtian, quand meurt le père ou la mère, ils n'offrent pas de sacrifice et n'érigent pas de temple. Ils se contentent de reconnaître que le Maître du Ciel est notre père commun, montrant peu d'égards pour ceux qui leur ont donné naissance et les considérant comme leurs frères. »[3] Le « pacte de filiation » relève dans la perspective catholique, du discours théologique. Il veille sur l'unité du Nom-du-Père pour absorber la diversité des pères. Le point transcendant, point hors-ligne, fonde tous les lignages possibles. C'est ce qu'est venue rompre la Révolution française qui a amorcé le double mouvement de décomposition et de recomposition des Noms-du-Père.

Il y a d'abord décomposition car il y a rupture entre le Nom-du-Père et les pères un par un. Le Nom-du-Père s'accommode mal des Droits de l'homme. Le premier effet de la réflexion est de décomposer le « Nom » en la multiplicité des différentes fonctions attribuées au père. Lacan appelle la pluralisation ainsi effectuée « les Noms-du-Père ». On passe du discours sur l'essence du père à l'examen des composantes d'un « concept à large spectre », comme dirait le philosophe Hillary Putnam.

Deux modes de recomposition des Noms-du-Père

À partir de cette pluralisation, on peut tenter de penser le rapport moderne à la paternité comme une recomposition « à la carte ». C'est le cas de la psychanalyste Geneviève Delaisi de Pairseval. « Dans les sociétés contemporaines, tout se passe en réalité comme si les choses étaient devenues floues quand il s'agit de dire qui est le " vrai " père ; comme si la paternité était à réinventer dans chaque cas, à chaque transaction ou jugement. [...] chacun entend passer à sa convenance et selon ses intérêts du moment, tantôt du côté de l'ordre biologique [naturel] tantôt du côté du juridique [fiction], tantôt du côté du " socio-affectif ". [...] Toute crise étant par nature ambivalente, on peut la lire au sens de rupture, de démolition, mais aussi la comprendre comme une phase d'intégration – à la manière des stades écrits par Piaget pour le développement de l'enfant. »[4]

Cet auteur voit une solution dans cette « psychodynamique ». Le recours est à un « devenir parent » qui efface toutes les spécificités de la paternité et toute son énigme. « Que dit la psychanalyse de la

1 - Philonenko, M., *Le Notre Père, De la prière de Jésus à la prière des disciples*, Paris, Gallimard *nrf*, 2001.

2 - Verlinde, J.-M., « L'inter-dit libérateur », *Le Nouvel Observateur*, *op. cit.*, p. 72.

3 - Gernet, J., *Chine et christianisme*, Paris, Gallimard, 1982, p. 253.

4 - Delaisi de Parseval, G., « La paternité négociée », *Le Nouvel Observateur*, *op. cit.*, p. 45.

psychodynamique du devenir père ? L'homme est-il, au fond, si différent de la femme face à ce temps essentiel de la vie qu'est le devenir parent ? De façon paradoxale, l'expérience de la paternité peut être vue comme une série d'étapes psychiques analogues à celles de la maternité [...]. »[1] Elle en conclut : « Il existe une réalité psychosomatique du versant psychique de la paternité. Cela ne la renvoie pas pour autant dans le camp, ou dans le champ, du symbolique ou du légal – travers lacanien bien connu –, comme on l'a pensé pendant des siècles ! »[2]

Il suffit donc de se délivrer du « travers lacanien » pour que la dynamique du « devenir parent » nous permette d'avoir du père une version innée, « psychosomatique ». Encore un effort et l'on cherchera le gène où « c'est écrit ».

Jean Le Camus, professeur de psychologie, ne compte pas sur une recomposition « à la carte ». Il veut enraciner la paternité dans l'expérience. Être père, pour un homme, c'est élever un enfant en étant impliqué dans des interactions précoces avec celui-ci. Cela lui permet de se démarquer d'une perspective psychanalytique évolutionniste comme celle de Spitz. « À la différence de ceux qui continuent à circonscrire un " âge de la mère ", précocissime et dyadique, puis un " âge du père ", plus tardif [à partir de trois ans, *grosso modo*] et triadique, je crois que le père doit prendre sa place dès le commencement. C'est-à-dire le plus tôt possible : au cours de l'attente de l'enfant, au moment de la naissance, dans les semaines, les mois... qui font suite et qui sont occupés par les activités de soins, ce qu'il faut désormais appeler le parentage [*caregiving* ou *parenting*, en anglo-américain]. »[3]

Il souhaite aussi se démarquer de la nécessaire médiation de la mère : « À la différence de ceux qui écrivent que le père ne peut intervenir que s'il a été reconnu et présenté par la mère, la médiatrice incontournable, ou que le père est tout entier dans la mère et pas ailleurs, je crois qu'on doit désormais évoquer une implication directe du père. »[4]

Il souhaite enfin se démarquer de tout fondement du père dans son « Nom », dans sa fonction. Il souhaite le fonder dans l'*hic et nunc* de l'expérience de la paternité comme *Erlebnis*. « À la différence enfin de ceux qui limitent la fonction du père à l'introduction de la loi, à l'exercice de l'autorité et à la transmission de l'héritage culturel, je crois qu'il faut se représenter le père comme pouvant agir positivement sur l'enfant dans une pluralité de dimensions. »[5] Rien ne doit échapper à l'expérience.

Point n'est besoin de donnée extérieure. La dimension symbolique de la paternité est réduite à une place dans un système de règles et de normes. De façon très cohérente, le père de l'expérience est instrumenté par des règles. Il en est défini comme il en est le transmetteur. « [...] le père fait figure de passeur, d'initiateur aux règles et d'incitateur à l'intégration. »[6] Ce père peut ainsi se plier à toutes les normes. « Le modèle reste-t-il pertinent et valide quand on prend en compte les familles qui ne s'inscrivent plus dans l'ordre de la tradition, c'est-à-dire les familles mono- et pluriparentales d'une part, les familles homoparentales de l'autre ? [...] on ne voit pas pourquoi l'orientation théorique du modèle – moment de l'intervention du père [ou de la figure

1 - *Ibid.*, p. 44.

2 - *Ibid.*, p. 45.

3 - Le Camus, J., « L'invention du paternage », *Le Nouvel Observateur, op. cit.*, p. 24.

4 - *Ibid.*, p. 26.

5 - *Ibid.*

6 - *Ibid.*

paternelle], mécanisme de son action et registre de son influence – ne serait pas transposable aux situations hors normes [déjà partiellement reconnues par la loi]. »[1]

Les deux perspectives de recomposition que nous avons isolées s'opposent symétriquement. Pour l'un des auteurs, la recomposition « à la carte » de la fonction du père permet à chacun de choisir ce dont il a besoin dans le vaste appareil que lègue la tradition. L'unité de cette boîte à outils est en dernière instance innée, psychosomatique. Pour l'autre, chacun se construit une place de père selon son expérience. Il choisit dans la diversité des règles et dans l'évolution des normes ce dont il a besoin pour rendre compte de son expérience. Tout est acquis, même si l'on se demande à qui ?

L'opposition de ces deux perspectives masque cependant leur profonde unité. Le Nom-du-Père se ramène à son utilité. C'est ce que Lacan a fini par appeler dans son enseignement des années 70, le père « outil », instrument disponible pour que le sujet s'en serve. Cette perspective a tout son prix dans notre civilisation utilitariste, et permet sans doute de garantir une place pour le père dans les siècles des siècles pragmatiques. Encore faut-il avoir une idée de ce qui se passe lorsque cet outil ne fonctionne pas, lorsque le père ne peut être nommé.

Le Nom sur l'abîme

Dans ce numéro du *Nouvel Observateur*, c'est ce à quoi s'attache l'article de Jacques-Alain Miller. Loin de l'inné et de l'expérience, il nous montre l'effet produit par l'absence de cet outil. Le joint du sentiment de la vie se trouve atteint. Le monde comme tel se trouve *out of joint*, comme le dit Shakespeare. Kafka, par son contre-exemple, permet de saisir l'enjeu de ce que le « père » vient nommer. Lorsqu'il devient inutilisable, l'accusation qui est portée contre lui devient « infinie » comme l'affirme J.-A. Miller. Le Nom de père vient recouvrir un vide non pas transcendant, mais infini. Il est, dans le langage, l'outil par lequel se franchit le littoral infini entre quelque chose de la jouissance, et ce qui, de l'expérience d'un vivant sexué peut venir à se dire. Le deuxième Wittgenstein sensible au hiatus entre le sens et l'expérience, a voulu concevoir un monde sans Nom-du-Père. Le sens comme tel n'est pour lui garanti que par une communauté de forme de vie. Rien ne prouve qu'il soit possible de soutenir une communauté de forme de vie humaine sans le recours à ce modeste outil du père. Kafka en témoigne, lui qui s'est senti à jamais séparé de ses semblables humains. J.-A. Miller peut ainsi dire : « L'auteur de *La métamorphose* savait que ce " lui-même ", le noyau de son être, ne trouverait pas la paix, fût-ce dans la tombe, qu'il ne tenait pas dans un nom, fût-il immortel, que c'était une forme de vie a-humaine. Il savait aussi que le père n'avait en commun avec lui que la même détresse. »[2]

Lacan, dans son enseignement des années 70, en était venu à souligner la tension entre l'universel de la fonction et le particulier de l'expérience qu'a le sujet d'un père comme tel. « Il faut que l'exception traîne chez n'importe qui pour constituer de ce fait modèle. Ceci est l'état ordinaire. N'importe qui atteint la fonction d'exception qu'a le père. On sait avec quel résultat ! C'est celui de sa *Verwerfung* ou de son rejet dans la plupart des cas... »[3] Le père ne se rend supportable, aimable, qu'à travers une femme, pas seulement une mère, qui présente le Nom de la bonne manière. Il ne s'agit pas de savoir, comme dans la perspective évolutionniste qui précède qui, s'il y a un âge de la mère puis du père ou vice-versa. La fonction est liée à une existence qui suppose l'articulation sexuée. « Il [un père] ne peut être modèle de la fonction qu'à en réaliser le type [...] [de]

1 - *Ibid.*, p. 27.

2 - Miller, J.-A., « Parle avec lui », *Le Nouvel Observateur, op. cit.*, p. 39.

3 - Lacan, J., « RSI », *Ornicar ?*, n° 3, janvier 1975, p. 109.

la *perversion* paternelle, c'est-à-dire que la cause en soit une femme qu'il se soit acquis pour lui faire des enfants et que, de ceux-ci, qu'il le veuille ou pas, il prenne soin paternel. »[1] Ce surprenant recours à la « perversion » pour sauver le sujet de la psychose est la voie féconde, c'est le cas de le dire, pour que se recompose le Nom-du-Père dans un monde où l'exception n'est plus transcendante. Elle traîne partout. Cette voie implique de renoncer définitivement au mythe du père de la horde. Le Nom-du-Père « utile » n'est pas le père du « tout ». Il a besoin d'une fiction régulatrice pour exister. La recomposition « à la carte » dans le bric-à-brac de la tradition, ou tout autre conception « formaliste » a besoin d'une chair pour subsister. Je renvoie là-dessus aux développements de J.-A. Miller dans *Le Neveu de Lacan*. Il n'est nul besoin de trouver son fondement dans un hypothétique fondement psychosomatique, ou de tout miser sur l'expérience de *parenting*, strictement pragmatique. Lacan donne un fondement précis à cette chair selon un double principe. Dans l'existence d'une cause du désir et dans l'amour qu'elle peut autoriser. La conséquence est à lire dans ce sens logique : celui qui mène de la pulsion à l'amour et non l'inverse.

*

* *

L'enfant excité et sa mère, par Serge Cottet

IL N'EST PAS DE CLINIQUE MARQUÉE AU COIN DU SCIENTISME le plus plat qui ne recèle quelques perles à cultiver. Le livre du Dr Lecendreux *L'hyperactivité*[2] le confirme particulièrement dans sa version purement biologique des troubles du comportement infantiles. L'auteur n'innove pas sur le terrain de la psychiatrie biologique du moment et déplie à l'envi l'équation *psychique = cerveau*. Au grand dam certainement des États généraux de la psychiatrie, encore attachés à l'exception française d'une psychiatrie toujours sous influence de la psychanalyse. On s'interroge sur les arguments à faire valoir auprès du public pour qu'un doute au moins soit porté sur la médicalisation absolue d'attitudes inquiétantes et excessives, certes, mais qui, à l'observation immédiate, relèvent de la tyrannie domestique quelles qu'en soient les causes profondes. Pourtant, les considérations humanistes contre le biologisme sont sans portée dès lors que l'action du médicament, la Ritaline nommément, semble stopper tout net ces débordements qu'aucune psychologie spontanée ne peut interpréter.

Que l'on croie ou non à son efficacité, on est tout de même frappé par le hiatus qui existe entre les descriptions précises et imagées du TDAH (Trouble déficitaire de l'attention et de l'hyperactivité) et les mécanismes génétiques supposés à l'origine (altération des mécanismes de fonctionnement de neuromédiateurs tels que la dopamine ou la noradrénaline). L'intérêt du diagnostic, néanmoins, réside dans le fait que le TDAH résulte d'une inhibition des stimulants du système nerveux central et non pas d'une activité surnuméraire.

Même à considérer que l'hyperactivité corresponde à un diagnostic et non à une appréciation du seuil d'intolérance des mères de famille et des instituteurs, on a du mal à éliminer un facteur relationnel ou, comme disent les systémiques pas moins scientistes que les précédents, mais anti-déficitaires, des interactions entre la famille et l'agité[3]. Suivons-les dans leur logique.

1 - *Ibid.*

2 - Lecendreux, M., *L'hyperactivité*, Paris, éditions Solar, 2003.

3 - Simon, F. B., *Ma psychose, ma bicyclette et moi*, Paris, Seuil, 2003.

Qui décide qu'un enfant hyperactif n'a pas de raison valable de courir sur l'autoroute pour rattraper les voitures ? Il suffit de poser l'existence d'un Autre fou dont notre sujet n'est que la marionnette. Simplement, cet Autre n'a pas besoin de faire partie de la famille. Nul besoin d'effort pour rendre l'Autre fou, comme disait le psychiatre américain Searles, s'il l'est déjà de départ. Il suffit de déplacer l'insensé du côté de l'Autre.

D'ailleurs, l'auteur de *L'hyperactivité* n'élimine pas ce qu'il appelle les troubles associés : manie, schizophrénie, raptus anxieux. Ajoutons, pour notre part, psychose ou folie, vilain mot dont la psychiatrie elle-même essaie de se débarrasser et qui, dans le cas de l'enfant, est un diagnostic qui stigmatise le sujet. Néanmoins, rebondissons sur cette association ; le trouble observé, associé à un x, qui pourrait en rendre raison par autre chose qu'un déficit de dopamine. M. Lecendreux lui-même est obligé de recourir à la métaphore dans ses propres observations nombreuses et précises heureusement : Mélodie, trois ans : « Aimable petite lionne qui mord ses petites camarades et marche à quatre pattes. »[1]

Le trouble au moins est-il associé pour l'observateur à une identification. Est-ce le devenir animal, cher à Gilles Deleuze, paradigmatique de la schizophrénie ? Sans aller si loin, on ne peut que relever les délices que l'enfant éprouve dans ses excès. Manque de contrôle moteur, dira l'adepte du déficit, tout en relevant que ces enfants ont statistiquement un QI plus élevé que les autres. Forme hybride donc et nouvelle association : l'animal surdoué. Dommage qu'aux troubles « psychiatriques, associés à l'hyperactivité »[2], on n'en dise pas plus sur les tics et les tocs et notamment sur les tics vocaux : geignements, reniflements, grognements, véritables aboiements composant le syndrome de Gilles de la Tourette (1885), heureusement redécouvert aujourd'hui par le DSM 4. Il est vrai qu'un réel correspond au fantasme de la science. Ce n'est pas le réel du corps que fantasme l'enfant. On ne peut pas dire que la biologie méconnaisse d'ailleurs ce dernier, sauf qu'elle considère le « vécu psychotique », quand bien même elle n'y serait pas sourde, comme un théâtre imaginaire. Par exemple, un des critères du DSM 4 pour établir le diagnostic d'hyperactivité est ainsi décrit : « Est souvent sur la brèche ou agit souvent comme " s'il était monté sur ressort. " » On ne croit pas si bien dire car, dans cerains cas, c'est effectivement une certitude du sujet correspondant à un délire d'influence. La science considérera l'énoncé comme métaphorique. La psychanalyse, conformément à une tradition qui prend l'énoncé au pied de la lettre, considère que le réel du corps est effectivement machiné dans la psychose. On connaît les classiques de l'enfant-machine de Bettelheim ou de la locomotive humaine du *Dodes Caden* de Kurosawa. Popularisé et pain quotidien des psychothérapeutes, le réel qu'il concerne est l'objet d'une dénégation pour nombre de médecins : ce réel est impossible à supporter. Ainsi l'exemple de ce dialogue, présenté sans commentaires par Lecendreux, Félix et son médecin.

« Dr M. : Pour toi, c'est quoi être hyperactif ?

– Félix : Ça fait du bien de temps en temps.

– Dr M. : C'est une maladie ?

– Félix : Non.

– Dr M. : Tu crois que l'hyperactivité peut se guérir ?

– Félix : Je ne sais pas !

– Dr M. : À quoi sert ton médicament ?

– Félix : À me faire du bien...

– Dr M. : Et si tu oublies de le prendre ?

1 - Lecendreux, M., *L'hyperactivité*, *op. cit.*, p. 105.

2 - *Ibid.*, p. 74.

– Félix : Je deviens fou !
– Dr M. : Tu veux dire excité ?
– Félix : Oui, c'est ça ! »

On attend en général de la psychanalyse qu'elle traduise, qu'elle interprète, qu'elle donne un autre sens. Ici, c'est la science qui substitue un vouloir dire au vouloir jouir manifeste dans l'élocution du sujet.

Ce n'est pas que la clinique contemporaine méconnaisse l'hallucination, la machine à influencer, le double étrange qui dépersonnalise le sujet. On admettra des phénomènes de possession à deux conditions. Premièrement, chez l'adulte, exclusivement, et deuxièmement, sous l'action ritualisée d'un clan ou d'une secte de préférence (voir le Candomblé de Salvador de Bahia). Cependant, épargnons à l'enfant la persécution par le double, les ondes négatives dans le corps, les chuchotements dans la tête... L'innocent n'a pas mérité cela.

Au reste, l'excitation ne traduit que des variables d'intensité et laisse de côté tout diagnostic stigmatisant. M. Lecendreux, constatant d'ailleurs le caractère déstructuré des conduites, l'absence de rythme, laisse à la psychanalyse la charge d'y trouver la moindre intentionnalité inconsciente. On ne voit pas qu'aucune représentation soit là imagée. L'hyperactivité ne dramatise aucune narration. Nous sommes bien d'accord pour admettre qu'aucun cinéma n'est là en action mais plutôt une cinématique. La psychanalyse s'intéresse elle aussi au mouvement, aux intensités, aux phénomènes de bord et de limite en tant que ces phénomènes traduisent une réaction à l'angoisse et non un débordement d'énergie. Par exemple, l'excitation maniaque n'échappe pas au règne du signifiant, utilisé comme moyen de jubilation, fuite des idées disait la psychiatrie, affranchi du poids de l'objet pulsionnel. Gagné lui aussi par la jouissance métonymique du verbe, l'auteur mime cette agitation, cette activité acéphale de la pulsion dans une succession d'infinitifs : « Tripoter, malaxer, attraper, secouer, triturer, briser, craquer, tordre, remuer, plier, mordre, étirer, déformer, cisailler, ronger, sucer... les verbes ne semblent pas suffire à décrire les comportements et l'inventivité dont font preuve les enfants TDAH lorsqu'il s'agit d'occuper leurs mains, leurs doigts, leurs pieds ou leur bouche. »[1]

Cette description brillante de l'activité pulsionnelle qui ne relève pas de la simple agression mais qui œuvre au pliage, à la déformation topologique de l'objet, est plus convaincante que l'attention portée au cortex frontal du système dopaminergique[2]. Plus proche en effet de l'expérience concrète, l'auteur fait intervenir le théâtre, grand guignol, qu'offre le spectacle désolant de l'enfant tyran domestique. Il introduit en effet l'élément « relationnel » tant attendu et bien connu des psychanalystes : la mère. Celle-ci, convoquée à titre de témoin ou de victime du drame, n'interroge pas moins son implication secrète, voire son contentement dans l'affaire. On remarque sa présence de partenaire symptôme à chaque vignette clinique proposée. Exemple : Maxence, onze ans. « Attendre dans une file est impensable. Pour aller au cinéma voir des films " où ça flingue ", sa mère doit prendre les billets à l'avance et arriver juste au moment où la séance commence sous peine de vivre un enfer. » Ou encore, Nicolas et les quarante crayons. « Quarante à cinquante par mois, c'est le nombre astronomique de crayons que déclare devoir se procurer la maman de Nicolas, élève de CE1. »

Ici un absent : le psychanalyste dont le rôle est décisif et démontrable dans sa fonction de médiateur, contrairement au mythe de l'inefficacité de la psychanalyse en matière de psychose infantile. Nulle statistique n'est requise. Un seul exemple suffit.

Dans la tradition classique de la psychanalyse postfreudienne, lacanienne, l'incidence du fantasme de la mère sur l'enfant s'est spécifiée d'abord par ces effets déficitaires : on reconnaît l'enfant débile ou arriéré

1 - *Ibid.*, p. 63-64.

2 - *Ibid.*, p. 36.

décrit par Maud Mannoni dans les années 60. Comme l'hyperactif est à l'occasion un surdoué, même s'il traverse la rue sans faire attention, l'association du trouble à un QI élevé est insuffisante en termes psychologiques : c'est par ennui qu'il casse tout et tape sur les copains.

La psychanalyse paraît obsolète face à des situations que ne caractérisent ni le refoulement, ni l'inhibition. À bon droit, puisque l'effet de l'inconscient est plutôt de mortifier le sujet. C'est le fait même du langage. L'hyperactif nous est décrit plutôt comme délinquant ou hors discours. C'est là une raison supplémentaire pour revenir à nouveaux frais sur le couple de l'enfant excité et sa mère. Sans accabler les mamans, que ménage tellement M. Lecendreux, et tenant compte de situations parentales inédites et de conditions socio-économiques bien spécifiques, il reste que l'époque génère de nouveaux symptômes. Tout en évitant de porter des jugements nostalgiques à propos du phénomène *single* aux États-Unis, il reste que le cliché de « la mère seule avec son enfant » n'a pas que les vertus édifiantes et idéalisées du féminisme *new age*.

Une fois n'est pas coutume, qu'on nous permette de donner une leçon d'anatomie à M. Lecendreux, ou plutôt aux psychothérapeutes d'enfants, peut-être plus réceptifs. Soit l'examen minutieux du corps de la mère dans des dessins d'enfants ; on voit parfois d'interminables tuyaux sortir du nombril de la mère. Quelques séances de psychothérapie ne seront pas inutiles, non pas pour donner des explications à l'enfant en matière de sexualité (efforts vains selon Freud), mais pour sensibiliser le thérapeute aux problèmes de robinet, chers à Binet-Simon (les tests) dans l'école de Jules Ferry, problème transféré aujourd'hui au CMPP, compte tenu de l'incidence de l'inconscient. N'y chercher aucune image ombilicale. On y retrouve, si l'on peut dire, en chair et en os, ce phallus que l'enfant prête à la mère quand il n'est pas lui-même fétiche de celle-ci, ou objet intéressé dans sa jouissance obscure.

EXTRAIT DU JOURNAL INÉDIT

PAR MIREILLE HAVET

MIREILLE HAVET DE SOYÉCOURT, Médan, 4 octobre 1898 – Montana, 21 mars 1932.

Ses amis – Paul Fort, Guillaume Apollinaire (qui l'appelait la *« petite poyétesse »*), Colette, Edmond Jaloux, Natalie Barney et Jean Cocteau – favorisèrent la publication de ses poèmes (dans *Les Soirées de Paris*, 1914 ; *Le Mercure de France*, 1916), de ses contes fantastiques, *La Maison dans l'œil du chat* (G. Crès, 1917) et un roman à clé, *Carnaval* (Albin Michel, 1926). Ce qu'ils ignoraient, c'est que Mireille Havet rédigea, de 1913 à 1929, un extraordinaire et monstrueux *Journal*, dans lequel elle décrit sa *« vie de damnation »*, une vie de guet et d'attente, de songe et d'outrance, une vie aimantée par son *« goût singulier »* pour l'amour des femmes et les stupéfiants.

Le fin critique Edmond Jaloux – évoquant sa brève existence et celles de Jacques Vaché, Raymond Radiguet, René Crevel, Emmanuel Faÿ et Jacques Rigaut – les réunissait dans une même génération littéraire qui, *« refusant les conditions communes du monde, se jetèrent dans une aventure de caractère absolu, qui les conduisit à une mort précoce »*.

Le *Jounal inédit* de Mireille Havet est à paraître en 2004 aux éditionsClaire Paulhan.

Mardi 11 octobre 1921, Paris.

[...]

Paris est d'une admirable couleur de cataclysme, d'orage et de cuivre. Les Champs-Élysées, le soir, sont une fournaise saumon. Jamais fard plus seyant n'exista pour ces femmes qui traversent, vers le crépuscule, la place admirable de la Concorde, où, déjà, les grands candélabres dessinent un nouveau ciel, à rebours de l'autre et constellé. Je t'aime ma ville. Bien que mon cœur soit pris, je m'y sens perdue souvent comme par le passé, et, quand je suis seule, marchant indéfiniment dans les avenues bruyantes, je me grise de cet air, de cette alchimie d'essence, de pétrole, de parfums, de poudre, de fourrures et d'arômes, que dégage la vie du soir, alors qu'elle tremble encore comme une buée sous l'auvent des premières vitrines lumineuses, où naissent une à une les formes de la nuit.

Il y a de graves accidents. Les gens trouvent la mort dans les catastrophes publiques comme voici trois ans à la guerre. On se sent serré, coude à coude, dans la ville, où la cohue est si dense qu'elle effraie, comme toute sensation de foule où l'on peut trouver l'étouffement.

C'est aussi la période de mes grands découragements. Équinoxe d'automne, j'y noie mes espoirs et vois clair sans doute pour la première fois.

S'il faisait moins chaud, peut-être pourrais-je mieux vivre, mais dans les tropiques qu'aucune pluie ne soulage, je brûle corps et âme comme un condamné.

La période de mes grands découragements. La vie a une saveur profonde et amère comme un puits.

Elle est étroite aussi comme un puits, on y meurt.

La meilleure définition de la vie est : « c'est un endroit où l'on meurt ».

On perd le goût des choses et l'on n'a pas d'amis.

Moi, on me laisse bien tranquille, on croit que j'ai des amis fantômes qui sont plus beaux et plus riches que d'autres et avec lesquels je m'amuse follement ! Tout mon temps est pris par eux, et on sait tellement que je les préfère qu'on ne me dispute pas à eux. Notre coterie est secrète, et jamais on ne les voit ! Je dois en être très jalouse. C'est sans doute un des privilèges des poètes que de faire croire aux autres qu'ils ont tout ce qu'ils n'ont pas ! On me croit des amis, de l'affection, du talent, du bonheur...

Je n'ai rien de tout cela, que j'ai manqué avoir voici quelques années.

J'ai tout quitté à cette époque pour une femme que j'aimais.

Après quoi, j'ai quitté la femme que j'aimais toujours mais qui m'avait trompée, pour le monde, et je n'ai plus rien retrouvé.

Maintenant je suis seule, et j'ai renoncé à bien des choses. Peu à peu, je renoncerai à tout. Cela s'appelle vieillir.

Perdre ses enthousiasmes et ses élans. Perdre même sa curiosité des êtres et des pays, se replier sur soi-même, songer à ce que l'on ne fut pas. C'est triste, c'est normal, c'est la vie. Les grandes exceptions de génie sont rares, les cas sur lesquels on se retourne, et puis quoi !

La carrière de raté est immense. Il y a place encore pour moi. Je ne veux surtout [pas] être amère. Tout, mon Dieu, mais épargnez-moi l'amertume et l'envie. Que je sois dans mon petit coin sans haine.

Il est vrai, on fait sa vie. J'ai fait la mienne au hasard, avec étourderie. Il n'y a qu'à continuer sans soupir. Combien ainsi font leur vie à côté de ce qu'ils aiment.

Sans quoi tout le monde serait heureux.

Bien peu aiment ce qu'ils ont. Moi, j'aime ce que je n'ai pas.

Je n'écris plus jamais. Je ne tiens plus mon journal de bord.

Je n'ai donc pas noté ma visite à la maison de Touraine, le vieux Colombier entre la plaine et la Loire, le village calme, figé dans l'automne et le crépuscule, tout à fait comme à ces premiers jours de la guerre où j'avais mes amis encore vivants. Je suis entrée dans la grande salle et j'ai revu les grandes fresques, l'homme jaune au front troué, la femme verte, le petit chien.

Le jardin était extrêmement calme entre ses hauts murs et ses arbres. Un vieil homme méfiant habite là. La maison seule se souvient. Au retour, il y avait sur la Beauce un coucher de soleil de sang et d'or comme autrefois.

Le ciel au-dessus de la plaine sombre paraît seul et grand comme sur la mer. Ses nuages énormes naviguent sans gêne, tout à vifs de lumière, au-dessus de microscopiques villages où une fenêtre s'allume comme une étoile.

Puis les étoiles au ciel viennent et, à leur tour, sont plus vivantes que les lumières terrestres.

J'ai mal à la tête continuellement. Ma médiocrité m'étouffe et me tue. Je voudrais dormir. Dans le sommeil, j'oublie.

On ne peut pas dormir toujours et on me réveille : « Allons, viens vivre, va à tes affaires », mais je n'ai pas d'affaires et je ne perds pas de temps. Il y a longtemps que j'ai tout perdu. Je m'ennuie.

Voici deux fois que je sens l'ennui sur ma nuque, comme une main dure qui appuie. On ne peut résister, on veut fuir, mais l'ennui est un poison violent qui s'infiltre dans le cœur.

On peut s'ennuyer sans que personne ne le sache ! S'ennuyer en s'occupant, s'ennuyer d'avoir raté sa vie et de vivre encore.

S'ennuyer comme je m'ennuie.

J'ai perdu avant-hier une des choses pour laquelle j'ai longtemps vécu, une des choses qui m'amusait : l'intérêt de l'amour.

Même cela dont je ne veux plus entendre parler, parce que mon désir est mort, parce que ma sensibilité s'est émoussée, parce que ce domaine est terne comme tous les autres, parce que j'en ai assez. L'aventure est très simple.

Elle vient de la satiété et, l'autre jour, j'ai cru mourir sous la domination de mes sens qui est, hélas, une chose absolue à laquelle je ne voulais pas croire mais que j'ai sentie lourdement. Je n'avais, en réalité, pas de désirs. Je fumais tristement l'opium et j'étais déjà très près de mes nerfs que l'opium avait peut-être encore rendus plus sensibles.

C'est probablement ma tristesse, mon amertume et le désir de m'en débarrasser qui me fit dire à Marcelle [Garros] de venir près de moi. Nous nous sommes embrassées sans grande ardeur, puis vinrent les gestes. Je m'ennuyais tant que je consentis à tout, et la laissai faire. Je crois bien que ce sera la dernière fois.

Au bout de quelques instants et par sa maladresse et par ma trop grande clairvoyance, j'étais dans un état de tension nerveuse et physique telle que, mes bras serrés sur la poitrine comme du fer, ma mâchoire serrée et les muscles de mes tempes tendus, j'attendais, dans un paroxysme, la délivrance. J'étais comme la terre en ce moment dans son attente de la pluie. J'étais assoiffée et hors de moi. La délivrance ne vint pas.

Je compris qu'elle ne viendrait pas et je renvoyai brutalement Marcelle qui résistait en me faisant mal.

Alors commença l'horrible lutte, les sens déchaînés, les sens excédés, sur la limite de leur épanouissement et qui aboyaient en moi comme des bêtes.

Je ne pouvais desserrer mes bras, ni ma mâchoire, ni mes jambes, et je tremblais en brûlant. Je tremblais comme la nature sous la tourmente sèche qui n'apporte pas la pluie. J'ai souffert à croire que j'en sortirais idiote et sans mémoire, mon cerveau desséché n'existait plus que par mes sens, mes yeux me brûlaient et je respirais mal.

C'était une réelle torture. Je ne pouvais même pas pleurer. Ma volonté de ne pas me tordre ni hurler ne réussissait qu'à me maintenir dans une immobilité terrible, où il me semblait que toutes mes artères, toutes mes veines, tout mon corps était à vif.

J'essayai de fumer, mais j'étais tellement crispée que je ne le pus. Mon bras ni ma main ne pouvait soutenir la pipe. Je luttais en moi comme dans un désert de feu.

Le petit matin montait sur Paris avec ses cris habituels, et j'avais honte, et j'aurais voulu vivre. Je demandai à Marcelle de l'eau froide. C'était une véritable crise où je sentais poindre l'hystérie. Elle me frappa avec des serviettes mais ne put me décontracter. Certains coups m'humiliaient et me brisaient l'âme à tel point que j'éclatais en sanglot. Hélas, mes larmes se séchaient immédiatement et je n'étais toujours pas délivrée.

Enfin je pus fumer.

L'opium opéra un peu, sans doute, car, bien que ne tenant pas encore debout et tremblant de tous mes muscles, Marcelle put me conduire jusqu'à la fenêtre. Je passai mes doigts brûlants et secs à travers le volet, vers le soleil et l'air rose du matin, et j'avais le cœur si douloureux...

Je pus me coucher.

Dormir, mal ! Dormir sous un cilice de tristesse toute la journée du lendemain et la nuit. M'éveiller ce matin, n'étant toujours pas détendue et détestant l'amour.

Ce qui fait qu'il ne me reste... rien.

Car je n'ai plus aucun désir que celui d'être calme, très calme, dans une chambre unie, et d'oublier... d'oublier longtemps tout ce qui m'a déçue.

Jeudi 8 décembre 1921.

Souvenirs.

Le cuir foncé de ma table.

Le jour blanc au long des longs rideaux de mousseline, il descend, il regarde, il plonge en moi. Toute la chambre est bleue avec un feu qui danse, un divan où s'émut l'amour dans ses fibres embaumées et le jour blanc dit : « Est-ce toi général de quatre ans au petit képi rouge, avec ton sabre au côté dans son étui de fer doré, ton petit manteau jaune avec, c'était dommage, un tour de cou, petit mimi d'hermine bien doux, qui empêchait le général de s'enrhumer. Je te vois dans le jardin de Suisse. Il y avait de la neige, des cétoines, des roses, un petit mur bas qui voyait la campagne et où tu appuyais tes stratégies ; quelles stratégies ? Était-ce déjà ce souci de la terre qu'il faudrait voir, cette inquiétude de l'accord entre soi et le monde, ce débordant désir d'inventer les images, et d'être l'inexact miroir qu'est un poète ? Tu restais longtemps à regarder les montagnes violettes et la prairie. On te criait de jouer pour que tu bouges. Dès que tu étais seul, tu reprenais l'immobilité des songes. Mais un jour, tu vis sous un pot de laurier rose une bête effrayante qui te regardait, et tu crus que c'était un phoque. On a beau depuis te répéter que c'était un lézard, sans doute, tu es bien sûre que c'était un phoque. D'abord tu étais seule à voir, et la vérité n'est-elle pas ce que l'on voit et non ce qui est.

Sans quoi qui pourrait vivre ?

La chambre bleue, le jour blanc, je revois le phoque sous les lauriers roses, et mon petit sabre de fer. Je pensais devenir militaire, et mes jupes m'ennuyaient.

Après il y eut les écoles, ce ne sont pas des mémoires mais la journée qui me fait ressouvenir, exprès peut-être afin de m'émouvoir, et que j'aime à nouveau cette poésie distante abandonnée pour la vie, les écoles. Et déjà on cherche l'amour. Si l'on aime Musset c'est à cause de l'amour et de cette louche histoire, un écolier vêtu de noir et qui me ressemblait comme un frère. Que j'ai pu rêver là-dessus. On cherche sa ressemblance car tout au monde vous est étranger. Cet âge est ingrat non parce que l'on y fait des bêtises, parle mal, et que le visage et la voix muent, mais surtout à cause de l'ingratitude dont on souffre envers tout, et tout nous le rend bien, la famille dit qu'on tourne mal, les leçons qu'on n'aime pas, la liberté qui saute loin de nous et que l'on ne peut atteindre, l'ennui profond d'être un enfant dans un monde de grandes personnes. C'est ce mal surtout – ne pas être à la taille – qui nous tient et, dans ce désir, nous rend prodige.

J'ai passé mon enfance sur la pointe des pieds, en disant « je ne suis pas née d'hier ». Au lendemain de mes quatre ans, je croyais réellement être grande, c'est-à-dire « normale ».

On n'est grand que le jour où l'on voudrait être petit pour que certaines peines vous soient épargnées.

Cet amour que l'on tient et avec lequel on lutte face à face, et qui est cette fois-ci à notre taille et, comme l'oreiller doux et chaud de Madeleine, « fait pour nous », combien nous voudrions lui échapper par le trou de la serrure et être trop petit pour qu'il puisse nous étreindre.

Le général de quatre ans n'a pas eu de bottes, de tuniques galonnées, de sabre et d'armée. Le plus fort est qu'il y eut la guerre et que tous ses amis y sont allés. Le général de quatre ans était alors une jeune fille qui ne pensait pas à la guerre, ni à la mort, ni à rien d'autre qu'à vivre.

Tout le monde se souvient de ce bel été propice aux récoltes faites par les femmes. Aux cieux, on voyait le reflet rouge de Reims en flammes, et on disait que les armées de 70 nous faisaient des signes. Les jeunes gens ne savaient pas se battre. Ils étaient en cible au milieu des flammes. J'apprenais leur mort au moment même où j'avais le plus besoin d'amour,

et c'est peut-être pour ça que j'ai eu d'autres amours...

Les uns devenaient infirmes de leurs jambes, ou de leurs yeux ; moi, de mon cœur.

Général de quatre ans fut un adolescent bien sombre, bien âpre, bien voluptueux et furieux, combien, d'être une femme quand, sous les amandiers du jardin de Touraine, éclairé par une faucille pâle de lune qui voyait la guerre, il sentait sur ses lèvres maladroites et gonflées se pencher un autre visage féminin et, contre son corps sauvage, un autre corps sauvage que ce mutuel trouble et cette mutuelle défense et ce mutuel contact dissolvaient d'amour au point que le péché commençait à la défense même du désir.

Mon Dieu ! Je respire l'arôme de ces arbres. Il y eut surtout un printemps. Tout notre verger était en fleurs, la nuit répandait cette essence d'arbre et de miel et je fumais mes premières cigarettes. J'aspirais de longues bouffées avec l'air tranquille. Il y avait dans les cours des bruits de ferme et tout de même ce silence de village sans homme. Contre moi se tenait mon amie. Elle était catholique et pudibonde. En mêlant sa bouche à la mienne, elle me disait : « certes, ce n'est pas cela que l'on nous reproche, ce que nous faisons n'a rien de ce vice dont nos mères parlent. Elles sont folles et je t'aime. », et au fond, j'aurais bien voulu savoir ce qu'était l'autre chose dont nos mères parlaient. Ce vice qui ressemblait tant à notre tendresse qu'elles l'y confondaient, que pouvait-il bien être ? J'aurais bien voulu le savoir pour le reconnaître, moi qui savais ce qu'elles ne savaient pas encore, que nous nous embrassions sur la bouche, que nous cherchions nos corps, et qu'il y avait même d'autres choses, dont on ne parlait pas, mais qui arrivaient toujours sans qu'on en reconnaisse autrement l'approche que par une délicieuse langueur et le désir bien violent de ne pas être dérangé.

On retrouve beaucoup plus tard le général de quatre ans. La guerre touche à sa fin sans qu'on le sache. Tout le monde est mort, et le général, qui est devenu un malheureux poète, déteste les hommes sans qu'on sache pourquoi, sinon qu'ils lui font peur, à lui, le chef d'armées des catelinettes, et qu'il les trouve laids avec leur figure sans luxe, sans soin, leur cou sans perles, leur chair triste, et ce cataclysme d'avoir des enfants.

Le général de quatre ans est décidément un inverti. Ce mot ou un autre, on lui en gifle constamment la figure. La famille est devenue un endroit sinistre, un dictionnaire des grands cas anormaux. On lui sert au repas toute son horreur et son vice porté par des noms illustres, qui le font sourire et le flattent au lieu de le rendre honteux. Il y a d'abord un âge où tout flatte. La famille dit « tu es bête » et on répond « chic ! je ne vous ressemble pas, à vous qui êtes si aveugles ». On ne le répond pas, mais on le chante dans son cœur, en cherchant des petits complices à qui tout raconter. On les trouve vite, on s'acoquine, et c'est la grande vie ! général de quatre ans ! que de femmes dans ta vie, que de lits ! que de bains, que de champagne et de maîtres d'hôtel... La poésie s'en oublie.

On la retrouve aux heures où la maîtresse vous trompe. Alors on écrit ses douleurs. Elles sont belles parce qu'on est jeune et que, tout en étant inverti, l'amour est l'amour quoi qu'on dise et où qu'il se passe. Et cet amour-là, c'est l'amour de vingt ans avec un être qui généralement vous ressemble comme une pomme de terre à une rose.

C'est le plus beau de tous ! Il est irréfléchi, sensuel, héroïque et vous déclasse. On est parfaitement heureux et surtout fier de tout ce qu'il ne faudrait pas.

À cet âge-là, général de quatre ans, ta famille et tes amis durent, tant tu faisais scandale, te dégrader publiquement ! Adieu ! parements, galons, croix d'honneur. Tu es du jour au lendemain et par l'amour tant convoité, un vagabond au cœur troué, avec ses meilleurs amis sous la terre.

La femme aimée t'abandonne.

Chère poésie, auprès du foyer vide – la famille s'étant réunie ailleurs, lasse d'attendre celui qui découchait toujours – le général dégradé te retrouve et, de ses pauvres mains écorchées dans des batailles que l'on dit infâmes, il rassemble des papiers, des livres, il veut créer ce qu'il n'a pas eu – jamais eu... – l'amour !

La lumière est basse, le feu vacille, le vagabond n'a plus de maison claire ni chaude. Il est trop triste ! trop seul pour y faire l'ordre et la chaleur. Il s'assied. Les volets ouverts sur la nuit et la ville laissent passer à travers les carreaux gelés les rumeurs, la lune dessine des marguerites d'or. Il pleure et ses larmes sont chaudes. En lui il y a donc encore la vie... et l'amour. En lui !

Il écrit des poèmes, des poèmes !

Vivre c'est écrire,
et c'est l'âge de la désolation,
et c'est l'âge de la dureté,
et c'est l'âge de la vengeance,

et c'est la vie quotidienne et, de nouveau, la chasse à ce pâle halo que l'on voit devant soi comme une chevelure ou un écureuil ou une flamme qui échappe toujours.

Vivre c'est essayer !

Époque profonde ! Poésie noire.

Le vagabond cherche comme un chien dans un tunnel. Il flaire ! Il ne découvre pas grand-chose et déjà des traces d'usure sont dans ses pattes calleuses, dures, infatigables... Il recommence. Il ne sait pas comme il est près de la poésie, de lui-même et de toute la misère du monde !

Il ne sait rien. Le vent s'amuse à mêler les odeurs, celle du fumier et des violettes.

D'où vient que nous retrouvons ce soir le vagabond près d'une femme, dans une maison douce et chaude : il a la tête sur son épaule et il parle ! Non ! il n'est pas malade ! non, ce n'est pas le jour de sa mort, et rien n'est triste. Ils parlent ensemble. Ils se regardent. Voyageurs de fin de monde, les voici côte à côte, sur le petit esquif qui ramène aux côtes de la vie.

Au ciel ce sont les mêmes nuages et la même lune en faucille, mais on ne voit plus le reflet de Reims en flammes. Tout est fini. Les graminées ont recouvert les morts...

On ne voit plus non plus, dans le givre, de marguerites d'or. Il fait chaud et les rideaux sont tirés.

La solitude et la poésie se reculent comme les songes d'enfance, dans le coin obscur du plafond. Le vagabond y fixe ses yeux larges, pour y voir les catelinettes, le mur bas et son képi de général – peut-être.

Contre lui s'appuie une jeune femme et l'amour est auprès d'eux.

Il dit : « que la vie est étrange, ce soir. »

Elle dit : « es-tu déjà fatigué de notre amour ? »

Il dit : « non, certes puisque je suis à l'âge de l'amour et que ma vie est déjà bien avancée, mais je songe... je songe à tout ce que j'aurais voulu être. À tout ! »

Ils se serrent l'un contre l'autre, la nuit les prend sous sa grosse aile d'oiseau, et on n'entend plus que leur soupir.

Ma journée blanche, comme tu es bavarde, n'avais-tu donc pas d'autres enfants qui t'intéressent aujourd'hui davantage que ce général de quatre ans ?

*

* *

Claire Paulhan
Des écrivains morts à faire revivre

J'AI CRÉÉ EN 1985 LA COLLECTION « POUR MÉMOIRE », chez Ramsay, maison d'éditions alors dirigée par Paul Fournel ; quand Ramsay a été racheté, je suis partie avec Paul Fournel chez Seghers ; puis quand Laffont a décidé de mettre fin à cette entreprise, j'ai transporté ma collection chez Verdier, que j'ai quitté assez rapidement.

Au fur et à mesure des expériences, je me suis dit que je supportais mal d'être dépendante de personnes qui n'avaient pas forcément les mêmes idées que moi sur la forme et le fond des ouvrages de ma collection : c'était certes leur droit, après tout, mais c'était aussi le mien de choisir de me donner les moyens de réaliser très exactement ce que je voulais. Donc, en 1996, j'ai réuni un peu d'argent, et j'ai fondé ma propre maison d'éditions, dont je m'occupe seule depuis lors, avec cependant ponctuellement, l'aide de stagiaires auxquelles ma démarche semble formatrice et dont le travail m'apporte beaucoup.

Je n'entretiens pas de commerce intellectuel avec la fiction : je n'aime guère lire de romans, de nouvelles, de textes d'imagination, en particulier contemporains ; quand cela m'arrive, il est rare que ma lecture ne soit pas parasitée par les artifices, les « ficelles », les effets que je crois distinguer à chaque page. Je ne « marche » pas et ne peux, d'ailleurs, fixer mon attention sur l'intrigue, retenir le rôle des personnages, le développement de l'intrigue ; je ne fais attention qu'aux manques de travail, maladresses stylistiques, erreurs de construction.

Par ailleurs, j'aime apprendre, renforcer la trame de mes connaissances en histoire littéraire et la période qui m'intéresse – qui va de la fin du XIXème siècle aux années 60 du XXème, de l'Affaire Dreyfus à Mai 68 – est particulièrement riche en textes autobiographiques...

Comme je me sens plus historienne que littéraire, c'est donc assez naturellement, en suivant ma pente, que je me suis intéressée d'abord aux écrits intimes, après avoir lu *Le Pacte autobiographique* de Philippe Lejeune, puis aux correspondances... C'est en recherchant et lisant ces textes, avec curiosité et certainement voyeurisme, désir de regarder par le trou de la serrure – je ne le nie pas – que j'ai ressenti la nécessité d'éditions à la fois très respectueuses du manuscrit d'origine, et très soutenues, solidement étayées par un appareil critique de qualité qui ne juge pas l'auteur, mais apporte les informations nécessaires à la compréhension du texte et de l'époque.

J'avais entendu parler d'elle par des personnes en qui j'avais confiance ; je savais que son *Journal* existait et venait d'être refusé par Gallimard (en 1985). J'ai rencontré son fils, Claude Bourdet et, avec son autorisation, je suis allée prendre connaissance du texte même au Département des Manuscrits de la Bibliothèque nationale et ai pu commencer à travailler à la mise au jour de ce Journal intime, mise au jour qui a duré deux ans...

D'emblée, j'ai désiré éditer des textes inédits : trouver des écrits autobiographiques n'est pas difficile, c'est l'établissement de l'appareil critique, puis tout le travail de mise en page éditoriale, à la fois intellectuel et technique, qui est long et complexe...

En ce qui concerne Catherine Pozzi, elle n'était pas du tout connue quand j'ai publié son *Journal 1913 1934* en 1987... Maintenant, des étudiants font des thèses sur elle, elle fait partie des programmes universitaires, elle a acquis, autant pour son *Journal* que pour ses poèmes (dont je viens de faire, avec Lawrence Joseph, un volume de « Poésie-Gallimard »), un statut d'écrivain remarquable et rare, qui ne la trahit pas et lui redonne une forme de vie...

Un de mes anciens professeurs, M. Étienne-Alain Hubert, m'a mise en relation avec Dominique Tiry, petite-fille de la meilleure amie de Mireille Havet, qui détenait le Journal de celle-ci. Elle m'a donné des centaines de pages (cinq millions et demi de signes !) à lire, les années 1913 à 1929, dont j'ai pris connaissance avec une très grande curiosité et rapidement une exaltation qui ne trompe pas : la découverte d'un texte de cette qualité d'écriture et de cette originalité autobiographique est l'un des plaisirs vifs de cette activité éditoriale, qui est par ailleurs, plutôt concentrée, solitaire... Puis, on s'est bien entendues, on a constitué une sorte d'équipe avec Pierre Plateau qui, lui aussi, s'est pris de passion pour Mireille Havet, et on a organisé le travail de manière aussi méthodique que possible. De plus, il s'est passé tout un ensemble de coïncidences, de signes, d'aventures heureuses et comme significatives, qui nous ont confortés dans cet énorme effort que nous faisons pour dégager Mireille Havet de la gangue d'oubli où elle avait disparu.

Mon rôle éditorial, mon rôle intellectuel, c'est de faire vivre les morts, les écrivains morts et oubliés : il s'agit pour moi de leur donner de l'attention, et – pour user de métaphores – de les aider à s'extraire de la terre profonde des cimetières... J'ai l'impression, très profondément ressentie, de l'avoir fait pour Catherine Pozzi, et, de manière moins personnelle, pour Ferdinand Bac, pour Jean Grenier, pour Jacques Copeau ; j'ai le sentiment de le faire actuellement pour un esprit, un style, un visage qui donnent un contour à la personnalité de Mireille Havet, dont le regard triste d'une des seules photos qu'on ait d'elle m'attendait – moi et les autres personnes engagées dans cette entreprise de publication – depuis bien longtemps, depuis 1917 . – *Propos recueillis par Nathalie Georges*

Les éditions Claire Paulhan, 85, rue de Reuilly, 75012 Paris ; 01 43 41 47 38 ; claire.paulhan@wanadoo.fr

CHRONIQUES

« Dogville », de Lars von Trier
par Anne-Sophie Janus et Jacques Roch

I. – Boîte d'espace

LES STUDIOS DE TOURNAGE SONT D'IMMENSES COQUILLES vides et hermétiques au sein desquelles s'organisent face à face deux espaces distincts.

D'une part se trouve la scène offerte à la représentation : le plateau de tournage. C'est là que le jeu des acteurs s'éploie et que l'histoire prend son envol. S'y trouvent également ajustés les décors du film, reconstitutions condensées de lieux architecturaux (ou sites naturels) que deux pans de cloisons (ou quelque désordre végétal) suffisent bien souvent à évoquer. Boîtes spatiales éventrées manquant de murs et dépourvues de plafond, ces décors conçus pour être malléables sont nécessairement partiels et composés d'éléments extractibles.

Hors-cadre, s'organise en secret une économie du flottant qui ne se manifestera jamais à l'écran en tant que telle : retirer du décor une paroi, dégager un ensemble de meubles d'un trajet de caméra, prélever chaque objet qui ne paraîtra plus à l'écran – autant de pratiques usuelles passées sous silence le temps de la projection filmique. On le sait, le caractère fragmentaire du processus cinématographique dans son ensemble, et du plateau en particulier, n'est qu'un *secret de comédie* dont tout spectateur se délecte volontiers, à condition toutefois que ce savoir se transmette par un relais autre que le film lui-même (reportages, *Making off* et autres *Behind the scene*), hors du temps de projection.

En contrepoint de la scène se trouve soigneusement enfoui dans les marges de l'écran, l'*exergue* de la représentation[1] – *hors d'œuvre* maintenu dans un hors-champ indéfectible. L'exergue cerne la scène-plateau de toutes parts. Il se coule le long des parois internes de la coquille-studio et se brise au seuil du représenté. Il investit sur son passage les moindres recoins de l'espace de production du film : envers des décors, coulisses de la scène et avant-scène – à entendre ici comme l'espace destiné à accueillir les déplacements de la caméra, face au plateau.

Cette dichotomie classique, propre aux régimes de production cinématographique ordinaires, perd droit de cité dans le dernier film de Lars von Trier, où les lisières entre scène de représentation et exergue s'estompent notablement, entraînant dans leurs vacillations un véritable bouleversement formel.

L'histoire narrée prend place aux États-Unis, pendant la Grande Dépression, dans une petite ville coupée du monde, au cœur des Rocheuses. Dogville revêt les attributs essentiels de toute bourgade de l'Ouest américain (du moins, ceux que le cinéma a contribué à populariser) : une rue principale transversale, une église, une échoppe, quelques maisons (« de simples cabanons, à vrai dire », précise une voix-*off*) et une mine abandonnée. Grace, l'héroïne de cet étrange conte moral, est une étrangère – une femme de la ville en fuite qui échoue là, par un coup du hasard, et y demeure, croyant trouver refuge dans ce bout du monde. La mystérieuse

1 - *Exergue* pris à la lettre de son étymologie, *ex-ergon*, soit : l'espace hors d'œuvre. Cf. Louis Marin, *De la Représentation*, Paris, Seuil-Gallimard, 1994, p. 180.

apparition, dont s'éprend sur-le-champ un jeune aspirant écrivain, se garde bien de dévoiler aux villageois son identité et celle de ses pourchasseurs. Elle ne s'en offrira pas moins à eux (« tel un cadeau », souligne la voix-*off*), en échange de leur silence et de leur protection.

Dogville s'ouvre sur un plan général de la ville, unique décor du film, cadrée en plongée verticale. La caméra flotte dans les airs et détaille la scène en la déroulant sous nos yeux, littéralement à plat, tel un relevé topographique : en lieu et place de véritables constructions en volume, un simple fond noir rectangulaire, à la surface duquel est délinéé à la peinture blanche le contour des quelques habitations de la ville, envahit l'écran. Ces tracés bidimensionnels, qui signifieront Dogville tout le film durant, sont jalonnés ici et là de bribes de décor « réels » : le clocher de l'église (qui en plus d'égrener les heures et signaler l'approche des étrangers, annonce les sentences prononcées par les villageois à l'encontre de Grace) ; le portail de l'église (qui n'est là que pour servir de support aux avis de recherche visant Grace) ; les traverses soutenant la galerie d'entrée de la mine (à l'abri desquelles Grace vient se réfugier à plusieurs reprises) ; la vitrine de la boutique (derrière laquelle sont exposées les sept figurines tant convoitées par Grace). On l'aura compris, la narration instaure une hiérarchie qui distingue certains éléments du décor. Accédant au statut d'accessoire, les objets qui se dérobent à l'étroite histoire des villageois pour se glisser dans celle de l'héroïne se voient tirés de la léthargie plane qui touche l'ensemble de la scène et sont autorisés à se déployer dans la dimension de la hauteur – celle des acteurs et de la caméra.

Des Rocheuses et des vergers de pommiers qui encadrent de part et d'autre Dogville, de la route qui sinue entre les vallons jusqu'à Georgetown et des splendides couchers de soleil qu'admire Grace, nous ne voyons rien. Seules s'offrent à notre regard quatre immenses parois verticales qui bornent la scène de la représentation et la referment sur elle-même.

Surfaces lumineuses et blanches qui dénotent le jour ou étendues noires qui suggèrent la venue de la nuit, ces parois accolées au socle de la scène obstruent la profondeur de champ dans l'intégralité des plans, circonscrivant la petite ville – son plancher noir, ses tracés cartographiques et ses ébauches d'architecture – dans un cube spatial résolument clos.

En sûreté dans cette boîte d'espace, Grace est dans un premier temps idéalement protégée de ses poursuivants et des menaces extérieures. Toutefois, de *mettre en sûreté* à *mettre sous clé*, il n'y a qu'un pas que les villageois ne tardent pas à franchir. À force d'abnégation et d'indulgence, la fugitive au grand cœur finit inévitablement par attiser la cruauté des habitants de Dogville qui n'hésitent pas à la murer dans une soumission résignée.

Dans notre imaginaire spectatoriel, les parois de ce cube se confondent spontanément avec celles du hangar qui, six semaines durant, abrita le tournage de *Dogville*. Les deux boîtes d'espace que sont la scène et le studio s'encastrent alors pleinement l'une dans l'autre en un unique volume cubique. Un tel dispositif ne laisse pas de champ libre à l'exergue classique (désordonné et encombré d'un pêle-mêle de câbles électriques, de praticables et de cantines à outillage combles), violemment chassé par ce télescopage, cet emboîtement parfait. Aussi le décor de Dogville ne présente-t-il ni envers, ni coulisses, ni avant-scène.

La caméra et son opérateur, Lars von Trier en personne, n'agissent jamais depuis les marges de la scène, puisque inexistantes, mais depuis le cœur même de la représentation, au plus près des acteurs. Homme-orchestre du plateau (armé d'une caméra digitale surmontée d'un microphone, il remplace – du moins pendant les prises de vue – l'opérateur image, les preneur et ingénieur du son ainsi que les usuels et nombreux assistants), Lars von Trier est le centre évidé et mobile du dispositif filmique mis en œuvre, véritable trou noir autour duquel gravite sa distribution d'étoiles (*Dogville* réunit Nicole Kidman, Lauren Bacall, Ben Gazzara, James Caan, Chloë Sevigny, Jean-Marc Barr et Harriet Anderson). Exergue à lui seul – ponctuel, animé et compris dans l'espace de représentation –, le cinéaste se laisse conjointement guider par ses élans de curiosité et par les impulsions de ses interprètes, libre d'effectuer les moindres recadrages et contrechamps (aucun pied de projecteur ni membre de l'équipe technique ne risque d'échouer inopinément dans le champ car, composants de l'exergue classique, ils ont été chassés avec lui).

L'épure et l'abstraction théâtrale du dispositif scénique de *Dogville* (aplatissement inégal de décors non praticables et enfermement du lieu représenté dans un cube spatial) ne sont déroutantes que le temps du prologue : l'éviction du hors d'œuvre et l'immersion intégrale de la caméra dans l'espace de la représentation ont tôt fait de rétablir l'équilibre permettant à la diégèse de *prendre*.

L'effet de distanciation qu'engendre le dispositif scénique de *Dogville* vient à propos occulter l'outrance qui plombait dommageablement les deux précédents mélodrames de Lars von Trier. Salutaires, les écarts de style du cinéaste se conjuguent ici pour décupler l'efficacité narrative et l'intérêt de cette simple et captivante histoire de vengeance, tirée du morne pathos dans lequel sombraient *Breaking the waves* et *Dancers in the dark*.

Les prises de distances du réalisateur font comme par enchantement œuvre de concrétion et autorisent les lieux et situations évoqués à prendre corps dans un au-delà de l'écran, à s'enraciner pleinement dans l'imaginaire du spectateur. Les frêles éléments de décors savent faire oublier leur volatilité et s'agglomérer avec compacité en solides blocs de « réel » dont l'authenticité ne fait aucun doute, laissant libre cours au déferlement du spectacle insensé des vicissitudes de l'existence de Grace, héroïne d'une trilogie annoncée dont *Dogville* ne serait que le premier volet. – *Anne-Sophie Janus*

II. – Un cinéma d'aujourd'hui

QU'UNE ŒUVRE D'ART SUSCITE DES RÉACTIONS INTELLECTUELLES tout à fait différentes ne devrait pas nous étonner. Saluée chaudement par les uns, il arrive souvent qu'elle plonge les autres dans la perplexité. Le traitement médiatique du nouveau film de Lars von Trier, *Dogville,* n'a pas échappé à cette réalité et parallèlement aux articles remarquables de Jean-Michel Frodon dans *Le Monde* ou de Michel Ciment dans *Positif*, et d'autres encore, on a vu fleurir ici et là dans le vide de la pensée les jugements les plus péremptoires.

Plus mystérieuse, en revanche, est l'attitude d'une personnalité dont nous admirons l'intelligence et le talent, Patrice Chéreau pour ne pas le nommer, qui présidait le jury du Festival de Cannes et qui a exprimé à plusieurs reprises son embarras devant ce film[1]. Une œuvre nihiliste, devait-il répéter devant les micros, jetant un voile pudique sur cet objet (si monstrueux ?) qui n'avait trouvé grâce (c'est aussi le nom de l'héroïne) auprès d'aucun membre de son jury. Le même jour, en réponse à la question d'un journaliste qui s'étonnait que Nicole Kidman ne figure pas au palmarès, il dit en substance qu'une œuvre formait un tout et que l'interprétation lui paraissait difficilement séparable de l'ensemble. Une vérité qui dans ce contexte semblait signifier : passons, décidément, il n'y a rien à voir.

Arrêtons-nous un instant et regardons ce qui mérite d'être regardé, en affirmant d'entrée de jeu qu'il s'agit pour nous de l'œuvre cinématographique la plus importante qu'il nous ait été donné de voir depuis longtemps. Lars von Trier s'étant expliqué longuement sur la genèse de son film et les choix qui l'ont guidé, il nous est permis – après avoir pris acte de la gageure qui sous-tend cette entreprise – d'en mesurer la réussite. « Avait-on déjà vu cela au cinéma ? Non », écrit Jean-Michel Frodon en conclusion de son article. Exerçons-nous à décliner sur ce mode les moments qui servent de jalons pour dire qu'ici, peut-être plus qu'ailleurs, c'est

1 - Notre étonnement fut d'autant plus vif que Patrice Chéreau avait publié naguère dans *Libération* un article très admiratif sur *Breaking the Wave*, du même Lars von Trier.

la forme qui est la clé de la compréhension de l'œuvre. « Un jour que j'étais allé pêcher en mer, tout à coup j'ai eu l'idée qu'on pourrait voir tout *Dogville* sur une carte. L'histoire entière se déroulerait sur une carte de géographie. Je suis fasciné par la contrainte que peut donner l'unité de lieu », précise le cinéaste. Voilà comment est née l'idée du décor. Un immense parquet noir sur lequel sont tracés des traits à la peinture qui dessinent le plan des maisons d'une bourgade, de chaque côté de la rue principale. Bien sûr, on pense au théâtre et cet ensemble n'est pas sans rappeler la disposition des mansions ou maisons, ces éléments de décor construits pour les représentations en plein air de la Passion du Christ dans l'Europe médiévale. Le réalisme cinématographique n'en reste pas moins constamment présent. Par le travail sur le son, d'abord : on entend le bruit des portes qui s'ouvrent et se referment, quand même il n'y a pas de porte visible ; on entend distinctement le crépitement du gravier sous les pas, bien que le sol présente une surface lisse. Le jeu des acteurs aussi est à cent lieues des conventions du théâtre et semble répondre à un souci de vérité presque pointilleux. Étant donné la proximité du voisinage, on ne cesse presque jamais de chuchoter.

Ce décor d'une grande simplicité offre donc des possibilités sans limites. Encore faut-il savoir s'en servir. A-t-on jamais donné à voir d'un simple coup d'œil l'ensemble des personnages d'un drame ou d'une comédie, repliés chez eux ou en prise avec leur activité du moment ? La puissance d'évocation des images fait naître en nous d'autres images, si bien qu'au fur et à mesure que l'étau se resserre autour de la victime, on dirait que l'effet de transparence des murs s'est déplacé sur les corps comme pour mieux en finir avec les semblants et donner libre cours aux pulsions les plus dévastatrices.

Le récit se présente à nous sous la forme d'une parabole. La référence à Brecht est revendiquée par l'auteur qui excelle à jouer de ce mode pour en tirer, en grand artiste, des perspectives qu'il pourrait développer à l'infini. S'il nous entraîne dans son sillage, l'effet de distanciation fonctionne bien et il arrive qu'on se surprenne à rire à des moments critiques où la tension entre les protagonistes de cette histoire atteint des sommets.

La première image qu'on nous montre, après qu'on nous a annoncé un récit en un prologue et neuf chapitres, est celle du décor filmé du haut des cintres. Puis la caméra descend lentement et pénètre à l'intérieur des maisons, tandis qu'une voix *off* légèrement ironique situe l'époque et l'endroit avant de décrire chacun des personnages en soulignant leurs traits dominants, à la manière des romanciers anglais du XVIIIème. On apprend ainsi que Dogville est une bourgade de quinze âmes (adultes et enfants compris), isolée au bout d'une route en impasse dans les montagnes Rocheuses et que l'action du film se passe en 1929, au moment de la Grande Dépression. Dès lors, chaque spectateur peut se dire qu'il a connu ou simplement traversé, au moins une fois dans sa vie, Dogville ; c'est-à-dire, le cul du monde. La présentation à peine terminée, surgit en pleine nuit, on ne sait d'où, une figure féminine : Grace. C'est la créature blonde des films policiers d'avant-guerre, poursuivie par une bande de gangsters. Elle a la chance dans son malheur d'être tombée sur Tom, l'intellectuel du village, qui lui offre immédiatement sa protection. Il est ce qu'on pourrait appeler un bon gars, bien qu'il ne soit pas sans défaut : on l'a vu dans la présentation prendre un malin plaisir à humilier plus faible que lui en la personne de son partenaire au jeu de dames. Il se déclare écrivain-philosophe mais en attendant de s'y mettre vraiment, il organise des causeries à l'intention de ses concitoyens sur le thème du réarmement moral. C'est lui qui sert d'intermédiaire entre Grace et les gens du village. Or, ne croyez pas que ce soit une mince affaire, car Grace est non seulement une étrangère, mais une fugitive, et bien qu'elle ait su rester très simple, elle fait tache au milieu des autres avec sa robe et son manteau de soirée un peu chiffonnés. Mais Tom ne ménage pas ses efforts pour qu'elle soit acceptée au sein de la communauté et elle le sera à l'unanimité. Ouf ! les braves gens.

Grace aussi est une brave personne et à l'image des héroïnes de Brecht, elle croit en la charité, en la bonté et veut le bien de tous. Admise par chacun, mais ne voulant pas être en reste, elle propose ses services à ces pauvres gens qui peinent à gagner leur vie et à nourrir leurs enfants. Quand ceux-ci lui font savoir qu'ils n'ont besoin de rien, elle insiste et finit par leur imposer son désir ; et c'est ainsi qu'elle devient, selon les heures, femme de ménage, dame de compagnie, aide-soignante, nounou, jardinière et ouvrier agricole. La joie règne au village et les fêtes comme le Jour de l'Indépendance sont l'occasion d'organiser des repas en commun. Elle aime Tom et le lui dit sans façon. Tom aussi l'aime beaucoup, mais sa timidité l'empêche de prononcer le mot qu'elle attend. Pour l'instant, il donne la priorité à la seule cause vraiment digne à ses yeux d'un dévouement sans limites, le sauvetage de Grace.

Le premier accroc surgira par le biais d'une affiche qu'un policier venu de la ville voisine apposera sur le mur de l'église. Il y est dit simplement que Grace est recherchée. Une seconde affiche scellera, en quelque sorte, leur destin commun. On peut y lire au-dessous de la photographie que cette femme a commis un hold-up dans une banque ; y figure également le montant de la prime pour quiconque fournira des renseignements. Grace est disculpée par les gens du village, puisqu'elle se trouvait parmi eux le jour du hold-up.

Mais déjà un sentiment nauséeux affleure à la conscience : est-il juste d'offrir l'hospitalité à une personne recherchée par la police ? Telle est la question que chacun se pose. On trouve un compromis : en recourant au système de la compensation, on exigera d'elle le double de travail pour le même prix. Et la voilà soumise au rendement. Voilà que la fatigue et les humiliations entament et minent son potentiel d'énergie et sa bonne volonté. Elle songe à fuir et s'organise à cet effet. L'échec de sa tentative donnera le signal du haro : entravée dans ses mouvements et livrée aux appétits des hommes, il lui restera à vivre la trahison. Nous interrompons ce récit pour vous laisser la surprise de découvrir quelle a été sa réponse. En attendant, je ne puis résister à l'envie de vous décrire les toutes dernières images du film. Au centre du plateau nu, la caméra cadre les contours d'un chien dessiné sur le sol. Puis, grâce à la magie du cinéma, le dessin tout à coup s'anime, le chien prend vie, aboie, montre ses crocs ; alors, pendant que défile le générique de fin, on nous montre en surimpression les images des actualités de l'époque de la Grande Crise. En jouant avec une facilité déconcertante de ces différents registres formels, le metteur en scène réussit à nous placer de plain-pied dans le réel.

Écoutons-le une fois encore : « J'ai voulu faire un film sur la vengeance et la vengeance féminine est plus drôle à traiter que la vengeance masculine. C'est assez étrange, mais il me semble que les femmes expriment mieux cette part de moi. Cette part féminine de moi, peut-être ? [...] J'étais séduit par le terrible motif de la chanson de Jenny-des-Corsaires de l'*Opéra de quat'sous* : "*Ils me demandaient quelles têtes tomberaient et le silence enveloppait le port quand j'ai répondu : toutes !* " » Ce film est un révélateur de notre époque. À travers la puissance de ses images, il parvient à nous montrer la force de la pulsion de mort quand elle n'est plus à l'abri du signifiant qu'est le Père. Et le Père dans le film a le visage du chef des gangsters. Mais qu'on se rassure, il n'a pas l'intention de lui ôter la vie, loin de là ! Il accuserait plutôt sa fille d'arrogance : « Tu es une si irréprochable moraliste que personne ne peut rivaliser avec toi en droiture ! » Les reproches et les conseils non suivis d'effet, voilà tout son pouvoir. Pour le reste, il n'est plus en mesure de décider. C'est elle qui a pris la succession vacante : Grace, le nom d'une femme, le nom d'une force spirituelle surnaturelle, et celui de la beauté, comme l'écrit J.-M. Frodon. C'est aussi une supplique : Grâce !

« La généalogie de Dieu se trouve déplacée du Père à la femme [à la jouissance de la femme] », c'est ce que nous rappelait récemment encore Jacques-Alain Miller.

Si Brecht en son temps pouvait bâtir une théorie autour de son œuvre, accordons-nous pour reconnaître à Lars von Trier, notre contemporain, des intuitions à la mesure de son inspiration. Ce que beaucoup lui reprochent, c'est peut-être d'avoir cessé de croire à l'efficacité de certains dispositifs. Dans ses films précédents, notamment dans *Breaking the Wave*, la violence intrinsèque à la nature humaine était pour ainsi dire sauvée par l'idée de sacrifice et de rédemption. Le nihilisme ou le cynisme dont on lui fait maintenant grief ne s'expliqueraient-ils pas par le fait qu'il n'a pas la solution ? – *Jacques Roch*

*

* *

Brèves remarques sur la restauration, par Gérard Wajcman

IL N'Y A PAS EU DE TOUJOURS UNE POLITIQUE, une pensée et une pratique de la restauration*. On dira : on n'en avait pas les moyens. C'est donc un progrès. La restauration est une intervention sur l'œuvre qui, visant à la rendre « visible » (souvent on dit : « lisible », mais ce terme, remarque Daniel Arasse, pousse à introduire du distinctif, donc à accuser les traits, les limites), sert sa conservation, c'est-à-dire qu'elle tend à prolonger son existence visible, ou son existence tout court, le plus longtemps possible.

En vérité, la logique de la restauration ne peut qu'avoir l'éternité pour horizon. Nulle œuvre ne sera jamais déclarée morte, de mort naturelle en tout cas (même réduite à l'état de misérable fragment, tesson ou lambeau, on la tiendra encore pour une « œuvre »). Cette volonté d'éternité, c'est au fond ce qui, en 1991, pousse monsieur Goldreyer, restaurateur, à vitrifier un tableau de Barnett Newman avec un produit pour sols. Bien entendu, ce qui est arrivé à *Who's Afraid of Red, Yellow and Blue* a été vertement critiqué, mais c'est un symptôme, qui manifeste qu'une volonté d'éternisation hante la restauration.

Ce que le cas Goldreyer met aussi en évidence, c'est que ce désir s'alimente dans la puissance technique. C'est dans la science que la restauration puise le pouvoir d'éterniser. La restauration s'est constituée de la rencontre de l'art et de la science ; c'est pourquoi elle ne fut pas de toujours, et c'est en quoi elle n'est pas en tant que telle un problème artistique. Si une question se pose, c'est que viennent là se rencontrer l'art, universel par essence, et la science, et dans la science, ce fantasme de toute-puissance de la science qui est le pouvoir d'éterniser – on a pu voir les effets inquiétants d'un tel fantasme dans l'exposition d'« art anatomique » du docteur von Hagen. La science en cela accomplit le fantasme des sujets de ne pas perdre une goutte de jouissance. Autrement dit, il me semble qu'il y a une logique de la restauration qui tend à substituer l'éternité à l'universel, ou à penser résoudre l'universel dans l'éternité, à vouloir accomplir l'essence universelle de l'art dans une éternisation de l'objet. Or, si l'universalité est une question d'art, l'éternité, est à la fois un fantasme de la science et une idée religieuse.

Le cas du tableau de Barnett Newman a donc été critiqué au nom du fait que ce désir, forcément louable, d'éterniser contrevenait à deux autres articles de la déontologie de la restauration, soit d'être réversible et de ne pas porter atteinte à l'intégrité de l'œuvre.

Cependant, ce qu'on nomme « l'intégrité de l'œuvre », c'est aussi bien ce à quoi la restauration ne doit pas porter atteinte, que ce qui justement a été lésé et qu'elle doit restaurer. On pourrait dire que la restauration tend à faire que l'œuvre redevienne semblable à elle-même. Or on touche là un point d'obscurité irréductible, un X, parce que qui dira ce qu'est « l'œuvre en elle-même » ? En ce sens, les métamorphoses d'Arlan ou les travestissements infinis de Cindy Sherman qui brouillent l'idée même d'une identité à soi touchent à une vérité de la restauration, au sens où l'identité à soi serait non un donné, donc un état retrouvable, mais le résultat toujours d'une opération, d'un circuit ; en cela, la restauration ne serait pas une entreprise visant à restituer

* Ces notes ici sont la matière d'une intervention faite à l'Auditorium du Louvre, lors d'un colloque organisé sur les questions de la restauration, les 6 et 7 décembre 2002.

l'œuvre dans une intégrité antérieure toujours hypothétique, que nul ne peut garantir, ce serait chaque fois un procès de production de l'identité de l'œuvre – une œuvre d'art ne serait identique à elle-même qu'une fois restaurée. Restauration vaut instauration – ce nouvel adage se trouve d'ailleurs être conforme à l'histoire du mot.

Quoi tirer de tout ça ? Quelques questions. Est-ce parce qu'on a les moyens techniques de la restauration, est-ce que, parce qu'on peut restaurer, on doit restaurer ? S'il y a bien sûr une loi qui veut que tout ce que la science et la technique rendent possible doit s'accomplir, il peut y avoir une certaine grandeur à se priver des moyens dont on dispose. Cette grandeur orne le front de la psychanalyse dont l'époque de technologie qui est la nôtre met d'autant mieux en relief l'admirable dénuement volontaire, se contentant de faire ce que l'homme a toujours fait avec sa langue pour tout outil : parler – et lécher ses blessures. C'est aussi, au fond, une certaine voie de l'écologie – ce serait bien le seul domaine où se manifesterait une fibre écologique. Il y a des ravages naturels, mais la science, elle aussi, est la cause de ravages.

On pourrait parler d'acharnement thérapeutique à propos de la restauration. Pourquoi ne pas suggérer de laisser les choses mourir ? Bien sûr, une œuvre d'art n'est pas une personne et on ne peut demander leur avis aux œuvres. Justement, on ne leur demande pas leur avis ; on les traite comme de purs objets sur lesquels, par la restauration, nous exerçons un pouvoir de vie et de mort : la restauration manifeste que pour les œuvres nous sommes des dieux. Je suis pour ma part fort préoccupé de savoir si les œuvres se réjouissent d'être regardées toute la journée. Évidemment, l'idée de laisser les œuvres mourir choque, on se récrie, mais au nom de quoi ? Au nom du fait qu'il faut tout conserver de la valeur patrimoniale ? Mais au-delà de la passion suspecte de la mémoire ces temps-ci, au-delà de cette folie de ne rien perdre, de vouloir tout conserver, la moindre parole, la moindre chose, comme si tout méritait d'être gardé et donc comme si tout se valait, on se rend compte que cette obsession patrimoniale tend à plonger les œuvres dans une mort bien plus certaine et bien plus rapide que toute mort « naturelle » : faire de chaque œuvre un trésor de l'humanité (comme au Japon on élève des personnes à la dignité de « trésor national vivant »), c'est les mettre au tombeau sans attendre leur mort.

C'est précisément la démarche qui conduit à cet effet logique paradoxal qui consiste à soustraire une œuvre aux vivants pour la conserver elle-même vivante. Conserver les œuvres contre les regardeurs, comme si vis-à-vis des œuvres les humains ne figuraient que des prédateurs. Un exemple m'a frappé. J'ai en effet découvert qu'American Express – qui s'est du coup attribué l'exclusivité des droits de reproduction de l'œuvre – a fait construire pour *L'Agneau mystique* de Van Eyck un véritable mausolée de verre à l'église Saint-Bavon de Gand. Et ils ont pris grand soin de construire ce mausolée dans un matériau qui, s'il laisse au spectateur la possibilité d'apercevoir l'œuvre – pas de la voir –, est supposé résister à une bombe atomique – dans ce sarcophage de verre, ils ont en somme réussi à transformer l'œuvre elle-même en sa propre image. Ainsi, il n'y aura plus d'église Saint-Bavon, plus de Belgique, plus d'Amérique et plus d'American Express, qu'il y aura encore *L'Agneau mystique* de Van Eyck. Question : pour quel regard faut-il conserver une œuvre au point de la soustraire ainsi aux regardeurs ? Je me dis que, justement, comme dans l'Annonciation qui est au revers de *L'Agneau mystique*, où les phylactères sont écrits à l'envers pour un Autre Regard que le nôtre, cette façon de protéger l'œuvre semble aussi la destiner à réjouir un Autre Regard qui, lui, d'ailleurs, se moque bien des obstacles en verre fumé, puisqu'il voit tout. La dimension religieuse de la démarche d'American Express frappe.

Cet exemple me semble un autre symptôme de ce qui serait au cœur de la restauration, non au sens technique – la restauration est évidemment précieuse – mais de ce que je nommerai l'idéologie restauratrice comme part de l'idéologie conservatrice : le culte, une certaine religion de l'objet, avec un certain fétichisme de la marchandise débusqué par Marx. Le musée n'est plus à cet égard le lieu où les œuvres sont offertes à la jouissance des amateurs et des curieux, il tend à devenir un lieu de préservation des œuvres contre la jouissance des consommateurs. Parce que ce sont des consommateurs qu'on accueille désormais ici, et les œuvres sont en regard des marchandises susceptibles de les satisfaire un peu. Mais quel genre d'objet de consommation est-ce là ?

Ce culte de l'œuvre d'art comme objet éternisé constitue en somme le pendant de la production de masse et particulièrement dans cette acmé de la consommation qui culmine dans la production d'objets jetables. On connaît aujourd'hui cette curieuse situation où le visiteur met des lentilles de vue qu'il jettera le soir même pour aller au musée voir des œuvres d'art éternelles. Tout se passe comme si l'on reportait sur les œuvres d'art le sacré de l'objet dont la consommation consomme l'être jusqu'à la dernière goutte. Je dirais qu'on restaure et qu'on conserve d'autant plus dans les musées qu'on jette chaque jour plus dans nos poubelles domestiques. Mais en vérité, ce que l'idéologie restauratrice accomplit c'est, dans ce qu'on nomme « objet d'art », de disjoindre l'objet de l'art pour, en un sens, réduire l'art à l'objet et attribuer à l'objet lui-même la valeur entière de l'art (en ce sens l'idéologie de la restauration s'oppose à l'art conceptuel qui se fonde de ceci justement que l'art ne se réduit pas à l'objet, que comme les œuvres de Jochen Gerz peuvent, par exemple, le montrer, les sujets qui regardent et leur mémoire font aussi partie des œuvres d'art). Il y a un fétichisme de l'objet dans la restauration, contre quoi d'ailleurs je ne dresserai pas l'éloge de la patine qui n'est après tout qu'un fétichisme inversé – un « fétichisme de la patine ».

Au terme, j'ai le sentiment que l'idéologie restauratrice tend à faire des œuvres des reliques athées, des musées des temples de la démocratie égalitaire (temples sans dieu, mais pas sans les marchands), et de l'art une religion laïque de l'ère de la marchandise triomphante. Cette religion laïque, c'est ce qu'on nomme la Culture. Dans les musées, nous ne sommes plus des amateurs ni des curieux, nous sommes des consommateurs citoyens qui venons exercer notre droit démocratique de regard et récupérer dans la Culture un peu de la sacralité perdue sous cette « pluie d'objets » qui nous tombe dessus par tous les temps. L'idée serait qu'on sort des Grands Magasins où l'on achète quantité d'objets périssables et qu'on nous offre d'entrer au musée pour nous rédimer dans des objets uniques et impérissables. Ce qui est commode quand on se rend aujourd'hui au Louvre, c'est qu'on a maintenant les deux sur place.

*

* *

Louise Bourgeois, par Christiane Terrisse

TOUT COMME LE DERNIER MOT RÉVÈLE LE SENS D'UNE PHRASE, les travaux d'un artiste proche de l'extrême bord de sa vie permettent la lecture rétroactive de l'œuvre accomplie et en dégagent la ou les lignes de force. Quand ce samedi d'avril 2003, dans la pièce à vivre de sa maison de Chelsea, j'ai été conviée par Louise Bourgeois à tourner une à une les pages du « livre » que Jerry Gorovoy, son assistant, venait tout juste de ramener du studio de photographie, une intense émotion m'a saisie et laissée sans voix ; j'avais sous les yeux, entre les mains, produit de huit mois de travail cousu main par l'artiste, la pièce unique où se sédimentait la mémoire d'une vie de dessins et d'écrits.

Le titre imprimé en couverture, reprend le rouge sur fond blanc de nombreux travaux, et voisine avec les initiales *lBg*, *louise Bourgeois goldwater*, broderie du trousseau de la jeune épouse d'un universitaire américain spécialiste d'art africain. Cette trace renseigne sur le support utilisé, le linge de maison de la famille

Goldwater, et marque la prééminence du patronyme, le B de la signature LB de l'œuvre. L'intitulé, *Ode á l'oubli*, indique la fonction cathartique attendue « quand le travail est terminé je suis alors autorisée à oublier » ainsi que la dimension de poème destiné à être mis en musique, soulignant son intérêt pour le support vocal (présent dans son installation du palais de Tokyo en 2002 d'une ronde de haut-parleurs diffusant des comptines chantées par l'artiste elle-même). À la surprise du lecteur attentif un accent circonflexe surmonte le « â » : est-ce liberté vis-à-vis de l'ortho-graphie de celle qui a su créer de nouvelles formes, allusion à une lettre élidée, le « â » de âge ou celui de âme, ou rappel de la désignation du la du diapason français, dont on sait depuis le film de Brigitte Cornand qu'il est un des objets privilégiés de Louise pour interroger le tempo du temps ? Faute d'avoir posé la question, la réponse reste en suspens.

Les pages suivantes sont des rectangles d'étoffe découpés sur divers supports : mouchoirs de fin coton, chemisiers ou chemises de nuit, foulards de soie, fragments de manches, montage de boutonnières... ils exposent comme l'ont fait les portants des années 1995 les vêtements aimés, mais ne voisinent plus maintenant avec des pièces d'os ou de bois brut, dans un abandon de la provocation au profit de l'énumération apaisée de tranches d'existence désormais obsolètes. Les surfaces imprimées sont surlignées par l'artiste d'impressions à l'encre ou d'applications brodées, telles ces trois flèches rappelant les nombreuses *Sébastiennes* version féminisée du martyre, ou cette maison évoquant une des premières gravures *She disappeared in complete silence.* À l'angle d'une page de fleurs rouges dont le cœur bleu n'est autre que l'imprimé d'un tissu à pois une minuscule tâche d'encre noire fait trace, tel un lapsus, du sujet qui aura été, présent là au futur antérieur. Une certaine maladresse calculée d'exécution permet parfois de lire sur le verso des pages doubles un nouveau décor plus anarchique et sauvage, négatif d'un endroit dont il ne serait pas l'envers. Quelquefois c'est le tissu qui témoigne que le dessin ultérieur n'en est qu'une réminiscence, tel ce foulard dont la grecque concentrique bleu vif a fourni le motif de nombreuses géométries graphiques.

L'exposition du CAPC de Bordeaux en 1996 sur le thème *Tissu et vêtements* avait permis d'admirer divers mouchoirs brodés de dessins ou imprimés d'aphorismes et élevés au rang de tableaux, mais aussi ces étranges *couples*, poupées de chiffon décapitées et ces *untitled*, morceaux de corps sans nom, mélanges d'étoffe et d'acier qui annonçaient les têtes sur socles dont la fabrication artisanale contrastait avec la violence du propos : bouche béante sur un cri muet, absence radicale de regard ou trajet de la voix entre bouche et oreille. De fil en aiguille Louise Bourgeois avait renoué avec la pratique de la couture, mais pour découper, morceler, démembrer, provoquer l'angoisse du spectateur. Son *Ode á l'oubli* au contraire assemble, collectionne et relie le disparate en un tout pacifié qui se laisse feuilleter comme un album d'images anciennes
.

La dernière page vierge de toute inscription de ce journal visuel tranche par sa totale sobriété, la signature cousue à l'angle inférieur droit est la bande brodée que l'on apposait sur les vêtements des enfants lors des départs en collectivités. Indice d'une identité liée à la séparation ce *ready made* condense par son économie de moyens le trajet de l'artiste dont les premières sculptures exprimaient à l'aide de boîtes de lait assemblées la douleur de l'exil, dont les plus célèbres réalisations ironisent des phallus surdimensionnés intitulés *Fillettes*, dont les gigantesques *Spiders* évoquent la figure tutélaire d'une mère occupée à réparer des tapisseries anciennes, et dont la destruction du père disséminant agressivement des morceaux de corps se résorbe en une réconciliation empreinte de pitié. « La pitié m'a apaisée » est imprimé sur l'une des pages de l'*Ode á l'oubli*, pitié qui recouvre la crainte, calme l'angoisse dans le consentement à la figure radicale de la castration, cette mort dont elle apprivoise le réel en énumérant « les objets de la jouissance », tous empreints de l'indélébile marque du tissage, souvenir d'une enfance vouée à être « utile » pour être aimée.

En tournant une à une les pages de ce mémorial, j'avais l'impression de parcourir en accéléré une vie et une œuvre et de vérifier la pertinence de la formulation de Gérard Wajcman définissant en 1996 l'ensemble de l'œuvre de Louise Bourgeois comme une « psychobiographie plastique [qui] introduit un point de vue unique et affirme la présence de ce que l'on peut appeler un sujet ».

Quand Jerry a rangé dans sa boîte noire, élégant reliquaire, ce bel ouvrage, seul l'humour tonique de Louise, présente et bien là, a évité l'attendrissement stérile. Elle ne cesse pas d'écrire, de dessiner, de créer de toujours nouvelles leçons de vie.

*

* *

Hans Op De Beeck, par Isabelle de Visscher-Lemaître

HANS OP DE BEECK RÉALISE DES MAQUETTES DE LIEUX DÉSERTÉS, des films qui mettent en scène des solitudes en situation, des photographies, des installations, des essais. Il nous confronte ainsi à des lieux vidés de toute présence humaine inspirés de son enfance, ou à des situations de groupe – familiales, amicales ou professionnelles. Il a réalisé à l'automne 2001, pour une exposition en plein air à Speelhoven dans les Flandres belges, une cabane grandeur nature, intitulée « Room with a view ». Comment saisir ce qui s'est joué, là, entre voir et être vu ?

– *Vous avez choisi de réaliser une cabane dans ces champs à peine défrichés, pourquoi ?*

Hans Op De Beeck – Il s'agissait de participer à une exposition annuelle où presque tout a lieu en plein air. Les artistes sont invités à présenter des œuvres dans cette campagne magnifique. C'était un défi pour moi de travailler en extérieur mais précisément, je désirais cette confrontation. Puis il y a mon approche de « peintre ». Même si je travaille diverses formes comme l'installation sculpturale, la vidéo, la photographie, etc., formellement, j'ai toujours été concerné par le « cadrage », la direction du point de vue et la composition en général, bien sûr. Je pense qu'ici, j'essaye de donner au visiteur la vue classique d'une « fenêtre sur le monde ». Je dois, enfin, mentionner le récit que j'avais écrit avant, qui s'intitule « Les jardins de mon frère ». J'y retrouvais certains paramètres de la situation, telle qu'elle se présentait à Speelhoven. Ce texte raconte l'histoire d'un homme qui cherche à apprivoiser son espace-temps en *humanisant* son environnement pour mieux se saisir de sa vie, lui donner sens et se trouver une identité. Le récit développe aussi un commentaire sur les différentes façons d'approcher la « création ». Il s'agit de trois frères qui ont chacun leur façon d'organiser leur biotope mental. L'un d'eux vit dans une chaise roulante. De sa table de travail, il a une vue superbe sur un important terrain vague qui fait partie de sa propriété privée et aurait dû devenir un splendide jardin. Il se met à dessiner des plans pour ce jardin. Il était convenu que ses voisins aménageraient le site suivant les indications données, ce qui ne se réalisera jamais. Ce frère se prêtait au dessin comme exercice mental quotidien. Chaque jour, il faisait une étude minutieuse du site et composait un nouvel arrangement idéal de buissons et de bordures visant une unité, un tout qui corresponde à son état d'esprit du moment. Or, il se fait que l'exposition me mettait aux prises avec un site extérieur, sinon un embryon de jardin, des champs et des prairies. J'avais déjà réalisé et montré des « fenêtres » dans des espaces couverts comme des galeries et des musées. Il ne me restait plus qu'à concevoir cet « habitacle » avec vue orientée et cadrée au dehors. J'ai donc fabriqué cette petite maison ou « chambre » pour une personne que j'ai positionnée de telle façon qu'une vue subjective – que l'on pourrait aussi dénommer une *« abstraction »* du paysage complet – soit révélée au spectateur.

– Avez-vous reproduit les conditions de vie du frère en question ?

– Disons que j'ai choisi de cadrer avec cette large fenêtre panoramique la majeure partie d'un pré non défriché et sauvage qu'on peut comparer avec le jardin du frère dans sa chaise de handicapé tel que le décrit le récit. À l'avant-plan, on voit un espace ouvert avec des mauvaises herbes et des fleurs sauvages. Au second plan, on voit deux noyers dont l'un est un arbre mort, et au-delà, on perçoit un vaste espace ouvert dont le fond est bordé par des bosquets. À l'intérieur de la maisonnette en bois couverte d'asphalte se trouvent juste une chaise et une table à dessin face à la fenêtre ; elles convient le visiteur à dessiner sa propre vision du paysage, bien différent selon les saisons. Quant aux murs intérieurs, ils sont peints en noir de même que la table légèrement inclinée. De cette manière, ils absorbent totalement la lumière et concentrent l'attention sur le paysage coloré et lumineux. J'ai également couvert les murs extérieurs de la maisonnette avec une garniture en asphalte goudronneux gris-noir afin qu'elle apparaisse comme une construction sombre s'associant à une sorte de « bunker » qui offre au visiteur un sentiment de totale protection vis-à-vis d'éléments étrangers ou dangereux.

– Plusieurs détails dans la confection de cette cabane méritent l'attention : le porche par-dessus la porte d'entrée, le décrochement de la fenêtre vers l'extérieur ou encore la couleur bleue du dossier de la chaise – c'est la seule couleur qui apparaît au sein du dispositif dans son ensemble. Qu'est-ce qui a déterminé ces choix ?

– Le châssis de fenêtre en avancée par rapport au plan du mur et le porche qui borde l'entrée sont les éléments décoratifs d'une architecture de bâtiment industriel des années 50 que j'ai étudiés de plus prêt, et que j'ai sensiblement exagérés dans le cas qui nous occupe. L'architecte du building sur lequel je me suis arrêté aura cherché à mettre un peu de fantaisie dans sa façade en béton. Cela dit, étant donné le matériau, sa lourdeur et son inertie, ces porches décoratifs bétonnés dégageaient une impression bizarre. Ils étaient beaux et terrifiants à la fois, joyeux et tristes en même temps. Visuellement, ils caricaturaient l'échec de la pensée moderniste. Ces détails qui produisent une esthétique décalée et inconfortable pour celui qui regarde m'amusent assez. Je suis attiré par les ratés, le mauvais goût en architecture. Utiliser et créer ces singularités dans mon projet sculptural qui inclut un paramètre architectural me permet d'insérer une référence critique quant à cet optimisme triste et désuet de la pensée moderne d'après-guerre. Plus globalement, on pourrait même considérer que ça soulève un commentaire critique quant à la maladresse de l'homme moderne tenté de se mesurer à cette invincible nature qui l'environne. En même temps, tout ceci est sans importance, même si ce sont les idées qui me viennent à l'esprit pendant que je dessine l'objet. La plupart des visiteurs ne vont sans doute pas prêter attention à ces détails et c'est très bien comme ça. Je ne désire pas que mon œuvre devienne trop symbolique. J'espère seulement que le spectateur va percevoir une étrangeté, et va peut-être lire entre les lignes.

Propulser la fenêtre vers l'extérieur présentait cet avantage certain qu'une fois assis à l'intérieur de la chambre, on était davantage convié à se concentrer sur le paysage. Ça dirigeait le regard mieux qu'une fenêtre verticale ordinaire. Grâce à cette organisation de l'espace combinée à un intérieur traité tout en noir et rendu quasiment « absent », le paysage acquiert une stature filmique ou même panoramique. De l'extérieur, la fenêtre réfère aussi au poste d'observation du chasseur ou de l'ornithologue. Quant à la chaise dont j'ai peint le dossier en bleu, c'était une décision formelle de dernière minute. J'avais besoin d'indiquer au visiteur qu'il s'assoit. C'est un bleu clair qu'on pourrait appeler *« baby blue »* souvent utilisé dans l'architecture des années 50-60.

– D'après vous, est-ce que le visiteur voit le même paysage selon qu'il le regarde de l'intérieur ou de l'extérieur de la cabane ?

– Je considère que le paysage vu de l'intérieur de la chambre est un paysage beaucoup plus « subjectif » que celui qu'expérimente le visiteur de l'extérieur. Car je l'ai cadré, moi artiste, de la même façon qu'un peintre distribue les parties qui composent un ensemble paysager. De plus, de l'intérieur, on est protégé de la pluie, du vent, du froid... Tandis qu'une fois dehors, tous les sens sont stimulés. On est absorbé par l'environnement et on fait partie du paysage. Non seulement on le voit, mais on le sent, par l'odorat et le toucher aussi. Depuis la chambre, le visiteur fait l'expérience de quelque chose de distant, sur quoi il concentre la vision, qui engrange une réflexion et une démarche plus mentale, sans doute.

– Au fond même si l'œuvre génère un certain isolement, il y a de l'autre, anonyme, non identifié, mais bel et bien présent.

– Oui, en installant une forme architecturale dans le paysage, j'ai créé un dedans. Comme visiteur pénétrant les lieux, on s'extrait de l'environnement naturel, tandis que comme promeneur, on en fait partie. (Il y a là deux identités différentes mises inévitablement en rapport l'une avec l'autre.) De plus, du fait que mon petit observatoire est conçu pour une seule personne – une seule table à dessin, une chaise, un espace de 8 m^2 environ, trop petit pour y caser plusieurs individus... –, on s'y retrouve seul, en même temps qu'on se pose immédiatement la question de savoir qui pourrait être la personne habitant cette architecture peu commune, qui a construit cette maisonnette singulière et quelles étaient ses intentions. Pourquoi avoir choisi cet angle de vue plutôt qu'un autre et qu'est-ce qui a motivé l'auteur de cette construction à observer ce coin de paysage ? Je pense que c'est fort bien ainsi et que les réponses ne doivent pas être totalement élucidées.

Idéalement, on devrait percevoir cette œuvre comme un événement inattendu lors d'une promenade dans la campagne ignorant tout d'un contexte d'exposition d'art contemporain. Dans ce cas, le fait d'entrer dans la cabane, de s'asseoir, de regarder le paysage et de se questionner sur l'origine de cette construction, ferait naître le sentiment curieux d'être un intrus ayant pénétré un habitat privé, et peut-être même, de s'être introduit dans les pensées et la psyché de cette personne non identifiée.

– Il est curieux que vous ayez pensé au chasseur ou à l'ornithologue dont l'activité impose de se camoufler pour mieux voir. Si on suit ce raisonnement, la cabane devient un pur instrument de regard.

– Oui, si on voit la cabane de l'extérieur, celle-ci peut en effet apparaître comme un « regard en soi » tel que vous l'évoquez. Avec sa fenêtre proéminente et disproportionnée par rapport à la taille de l'habitat, l'abri se transforme en un visage humain avec un regard qui se propulse. La fenêtre se change en une énorme paire d'yeux captant ce qui se trouve en face, et ayant cet effet d'un regard permanent. De l'intérieur, bien sûr, on ne perçoit plus cette « présence » qui observe. On se sent protégé et en toute sécurité, du fait même qu'on est invisible puisque caché. Mais la construction, l'endroit où elle est posée et sa forme contredisent toute parenté avec la hutte du chasseur !

*

* *

Une vérité pour destin, par Nathalie Georges

Car la fiction est le mode sous lequel
la prose a une vérité pour destin.
Natacha Michel, *L'écrivain pensif*, Verdier, 1998

LA JOIE DE LIRE EST IMPURE, DÉFINITIVEMENT. La douleur, la stupeur, l'indignation, « l'idiotie douce, l'obsession candide et stupéfaite, sous leur vernis de révolte et de véhémence qui s'accordent si bien avec l'idée d'écrire – mais si mal, justement, avec celle de vivre », ce sont les nôtres : prises aux mots, aux voix qu'Yves Laplace porte et fait entendre dans son dernier roman : *Un mur cache la guerre* (Paris, Stock, 2003). « On m'a confié un souffle, des mots, des lettres, des archives, des cahiers, des procès-verbaux », dit-il, « j'ai tenté d'explorer ces voix et ce matériau ». Il y a « des traces sur l'a-mur »[1] où le roman s'égale à la parole, soit à rien moins qu'à son nom de roman. On y retrouve, comme en filigrane – et déjà dans *Les Dépossédés* (Stock, 2001), livre de textes du même Yves Laplace et de photographies de Valérie Frey –, un corps, un corps de corbillard, un billard de cloches, de grelots, une machine lancinante, « *... l'armure terrible /des millénaires* » [...] « AH THE WHOLE GLOBE FOR A REAL SORROW ». Ainsi s'imposent le mercenaire et sa défroque d'Arlequin, sa fidélité mosaïque, plurielle, globel *(sic)*.

Ce livre n'est pas moins intime qu'intimé. L'auteur a ployé, sans se briser, sous le joug de ce qui était à arracher à ces gorges étranglées de chair ou de montagnes, et pris comme la glace dans l'hiver du Jura, pour lier ensemble des solitudes que le baroque même ne protège plus de rien, étant la Chose, l'Achose, en son éternité suspendue. Celui qui vous parle est un « fraudeur par nécessité ». Il s'adresse aux fraudeurs que nous sommes, il nous somme, un par un, de nous pincer, de nous réveiller et de prendre le quart sur le fil du discours d'où jaillit l'étincelle – « qui vive ? ». « Oui, la stupeur ne s'apaise pas », écrit le narrateur. Mais qui est-il ? « Je suis le père, le fils. Je suis Gloria. Je suis un officier de liaison, un hôte de passage [...] Je suis le voleur français de bois suisse, l'homme perdu de 1807. Il y en a trois selon la chronique [...] » Un « je » comme celui de Michelet rehaussant *La Sorcière*, qui hésite sur la ligne de non démarcation sartrienne où chacun les vaut tous et n'importe qui, mais qui finalement se résout, en Grégoire Paccaud, « agent du grand service », « silhouette grise » marquée, laminée, truffée de souvenirs, trouée, enfin, de désir innommé.

Ailleurs, décidément, sur l'autre bord d'une frontière – qui est peut-être elle-même l'unique bord – Bruno Bayen a conçu *La Vie sentimentale* (Paris, Mercure de France, 2003, 213 pages) plus frémissante qu'aucun gibier, une fois battus le ban et l'arrière-ban des souvenirs : les vrais et les faux – plus vrais encore, les étrangers à soi et les propres à d'autres – qui, à soi, plus prochain que soi-même ?, les inavouables et les partagés, d'où s'émancipent vieux frères, beaux masques et autres passants. Vont-ils s'attarder, faire preuve, mais de quoi ? C'est qu'ils ne valent que leur pesant de plume, et que celle-ci ne cède pas, ne cessant de murmurer que sans elle rien ne vaut, qu'elle est la pièce maîtresse, la mouche du coche cette « non-histoire » dont les confins se bouclent, rendant inopinée, infiniment précieuse, délicate ou gourmande, chaque précision donnée, chaque pause extorquée à la course du temps. C'est que la plume ici est l'ombre et le garant d'une hypothèse, « une hypothèse c'est-à-dire une femme » – Freud et son correspondant de jeunesse n'avaient-ils pas établi un code où le mot « principes » signifiait « jeunes filles » ? –, hypothèse qui fuit de toute son improbabilité en avant, ne cesse pas de se détourner d'elle-même tandis que la plume la file, délicate comme un chien de berger, aussi imprévisible que résolue, sans terme assignable, mais dont chaque terme, aussi bien, est une borne, idiote, et un caisson clos sur un vide où le son est promesse, rien moins qu'abolie au fur et à mesure. Des récits, en effet, s'acclimatent dans des vacuoles distraites, des anecdotes qu'on croyait effacées ressuscitent et le bonheur de conter gratuit encore un moment lève des images de néant qui ne font pas céder l'attente. L'encourageant, au contraire, une tension sûre et constante se manifeste – arc, flèche –, et le désir – *bios* et ses deux accents. Rien n'est plus sûr alors de ces récits mêlés qui diffèrent les uns des autres que leur ton, pour mieux et absolument différer l'essentiel, qui n'en revient pas d'être né.

1 - Dit Jacques Lacan.

Otez l'éducation, reste la vie, et ce n'est pas indûment que *La Vie sentimentale* se pare du nom de « roman » : non seulement elle s'y s'égale mais elle le renouvelle au point que s'y faufile sinon la couleur du moment (existe-t-elle ?), du moins un spectre aussi bien d'images que de sons ou de rythmes. Sa présence contenue vous rive littéralement à ces lignes qui vous invitent à vous laisser emmener et surprendre par le traitement singulier qu'elles réservent aux maux auxquels vous n'échapperez pas plus que celui qui vous les distille dans la guise d'un « je » : ils sont ceux de l'époque laide, heurtée, inconséquente, molle, ringarde qui est supposément la vôtre. Les mots dérivent et ricocheraient à l'infini, sans que les voix ou les regards fassent mieux que les détourer sans en répondre, aveugles, sourds et lucides qui mieux est, n'était cette décision de dire même et surtout ces choses dites triviales pour mieux faire saillir qu'il n'y a pas de mauvais sujet, que dire est toujours cette mince affaire, ce vide interstitiel introduit entre les affinités électives et les particules élémentaires, cette cause, toujours.

À ces maux petits et grands des remèdes de fortune s'appliquent. Ainsi l'amour égal de deux langues, rendues dociles par la grâce d'un délicat va-et-vient entre celle de Goethe que parle à ses heures « la costumière » – ainsi s'énonce l'hypothèse en question, objet d'une traque en éventail – et la française, celle du narrateur, du chasseur, de l'amoureux que son enquête conduit de saisie en saisie vers une dépossession toujours plus absolue profilée par la place faite à la tierce absente, l'inaccessible, la japonaise qui parasite le circuit des menus événements et des relevés simples qui trament tous ces faits divers : ainsi s'exposent des indices, s'inventent des détails qui se recomposent au fur et à mesure que l'écheveau se dévide et que peu à peu ces lignes s'affermissent autour de leurs mots, tous bienvenus, dans ces phrases qui sentent et mentent, entées dans le « tu ».

« Sitôt qu'on tourne autour de ce fameux coucher ensemble, j'ai rarement vu qu'on se dispense, pour refuser à titre provisoire ou définitif, d'être un brin trop général, comme elle, me prouvant du même coup que la généralité peut être aussi un péché de jeunesse lorsqu'elle lança (ou cita) que coucher pour un homme est une fin, pour une femme un début, quand lors de cette coïncidence ce n'est ni de début ni de fin, c'est de moyen terme qu'il s'agit, semble-t-il, dès que s'abouchent homme et femme, et cet aphorisme sur les natures mâle et femelle ne m'a pas fait si forte impression, d'autant que je crois savoir, ce n'est même pas l'âge qui me l'a appris, que les contrats sur le coucher ensemble ou le ne pas coucher ensemble sont des baux précaires, rediscutables jour après jour, comme dans un livre ils seront page après page rediscutés en vue de l'intérêt du lecteur quoi qu'il en dise presque toujours soucieux de savoir si cela va se produire à la fin ou si nous terminerons, plus sobres et paradoxaux dans l'époque où l'on vit, par un définitif ne pas coucher ensemble, lecteur venu me sauver de cette phrase abusive » (p. 146).

Au cœur de la narration, une pièce se lit et se monte. Cela remonte à quelques années déjà : *Stella*, de Goethe, mis en scène par Bruno Bayen au Théâtre de la Colline : un ange qui passe, un ange, puis un autre et qui font trois, à la mémoire desquels de nouvelles fins s'inventent, chacune pour elle et se nouant aux autres, tournant.

Enfin, c'est un traité : *Traité d'incertitude* de Pierre Skira (peintre, pastelliste et graveur) avec une préface de Patrick Mauriès intitulée « L'écriture de l'ombre ». Un livre de dessins, ébauches, esquisses, une mise en page qui dit combien la lecture silencieuse convient à ces quarante-six « exercices » ou « variations d'écriture ». « Vanité » au commencement, « vanité » à la fin et d'autres vanités ça et là parsemées, voisinent avec des « têtes », qui soudain sont « Sartre », mais aussitôt « rabbi », et « petite... », puis « Verlaine », et puis « noix », une et une autre, coup sur coup. Des noms. Des dessins, des pastels.

« Il s'y consacre régulièrement en fin de journée, en une sorte de relève ou d'alternative au travail diurne, tâtonnant de la peinture » et ce sont ici des « portraits, visages qui ne " sont " pas, ou ne " ressemblent " à rien, mais qui pour ainsi dire *reviennent*, ou surviennent, au peintre, en autant de rebonds de mémoire, ou de vertiges récurrents » (p. 14). Il y a. Quelque chose insiste, à la tombée de chaque jour, et revient. Ponctuation, frontière, digue, trait, tout simplement figure. Et nom. Le temps de lire se fait bulle intense, magnifique, dure bulle de savoir, gaine fragile prête à se rompre sous l'empire de l'incertitude à la sève enrichie du roman ? Non, cette digue aussi définie qu'invisible, elle ne cède pas.

*

* *

Marc Fumaroli, « Chateaubriand, terreur et poésie », par Alain Clerval

CHATEAUBRIAND EST UN IMMENSE ÉCRIVAIN, mais si aujourd'hui Marc Fumaroli lui consacre un essai considérable par son ampleur, ce n'est pas pour lui élever un autel critique après tant d'autres, mais pour mettre en relief, à travers tous les visages de l'enchanteur, la prodigieuse actualité historique et la résonance tragique d'une vie et d'une œuvre tout au long de laquelle se réfractent le drame éternel et la grandeur invincible, malgré tous les pessimismes, de la France.

L'Ancien régime, dont François-René de Chateaubriand contempla les derniers feux, la Révolution et la Terreur où périrent tant des siens, et dont il réchappa de justesse, l'exil dans une Amérique sauvage où il put observer l'utopie des thèses rousseauistes après avoir considéré le mensonge de la rationalité développée par les Lumières, son retour en France au début du zénith de l'épopée napoléonienne, sa fidélité légitimiste à l'égard de la branche aînée maintenue par le sens de l'honneur, mais son rôle politique qu'il assure avec un panache d'éternel opposant à une cause qu'il estime dévoyée, trahie par ses feudataires mêmes, son goût de la liberté qu'il juge compromise par l'ascension conjuguée de la démocratie et des intérêts bourgeois, une vision prophétique dont le pessimisme ne peut être à ses yeux racheté que par les *Mémoires d'Outre-tombe* dont le dessein annonce et rejoint Proust, autant de facettes qui le désignent comme un phare, tel que l'entendait Baudelaire.

Poésie et terreur, on songe aussitôt au rapprochement que Fumaroli fait à dessein avec *Poésie et Vérité*, les Mémoires de Goethe : si Chateaubriand n'avait pas traversé l'époque terrible, portée par une magnification de l'Histoire qui conduit de la guillotine à la Restauration et aux émeutes de juillet 1848, les *Mémoires d'Outre-tombe* – où le passé de l'ancienne France, des Capétiens ou même plus avant, du sacre de Clovis, à l'absolutisme sacralisé de Richelieu et de Louis XIV, est surplombé par le regard critique d'un éternel exilé, trop supérieur pour adhérer à la vulgarité des temps qui viennent, mais trop lucide pour ne pas condamner, tel que le définit Fumaroli, l'absolutisme éteignoir déjà dévalué sous Louis XV –, les *Mémoires d'Outre-tombe* n'auraient pas été écrits mais surtout conçus comme la surimpression d'une mélancolie de voyageur à travers le temps et de la réhabilitation d'une noblesse rêvée, transfigurée par les embellissements pathétiques de l'écriture.

Car le raccourci que les convulsions de l'Histoire obligent le mémorialiste à opérer entre le songe d'une vie, véritable poétique de l'action qui annonce Rimbaud et l'horreur sanglante des temps modernes, éclaire le dessein de Chateaubriand : seule la magie du style peut réparer l'échec et la douleur de l'enfantement d'une liberté régicide, rendue possible par l'ouverture d'esprit d'un monarque « qui paye de son martyre le système dont il souhaitait affranchir la France ». C'est par la volonté réfléchie et tenace forgée pendant l'exil dans une Amérique qui n'a rien de l'éden imaginé par les soutiens abusés des « insurgents », mais est plus proche de la sauvagerie barbare d'un colonisateur, puis dans les mansardes d'un Londres inhospitalier au jeune hobereau famélique, condamné à vivre de leçons chichement rétribuées dispensées à l'une de ses premières muses, que Chateaubriand cherchera dans l'imagerie d'un christianisme où se conjuguent la nostalgie du royaume de France et l'espérance d'un royaume du Christ dont il redoute de n'être pas digne, le génie où s'inscrivent la poétique du royaume et la puissance d'invention qui l'avait rendue « féconde pendant de longs siècles ».

Tout Chateaubriand trouve dans les ténèbres, l'obscurantisme fanatique de la Révolution à tête de Méduse, la puissance inspiratrice de transcender les alluvions, par-delà la mémoire et l'oubli, les alluvions séculaires qui ont fait la France, non seulement des Capets aux derniers Bourbons mais dans les replis d'un inconscient collectif que l'on peut respirer encore dans « le vierge, le vivace et le bel aujourd'hui ».

La grandeur des *Mémoires d'Outre-tombe* vient de la rencontre exceptionnelle d'une « expérience transformée en conscience » et d'un destin qui a enjambé l'ancien et le nouveau. Le drame vécu à travers le deuil historique et personnel, – tant des siens morts sur l'échafaud, à commencer par le défenseur de Louis XVI, Lamoignon de Malesherbes – lui a permis de porter un regard prophétique sur l'avenir de sociétés démocratiques « dévorées par la passion antisociale de l'égalité absolue ». « Nos ans et nos souvenirs ont étendu en couches régulières et parallèles, à différentes profondeurs de notre vie, déposés par les flots du temps qui passe successivement sur nous. » Comme l'écrit Fumaroli, la singularité des *Mémoires* est homologue à celle du royaume « de quatorze siècles ». Chateaubriand n'a jamais écrit qu'en vue de cette œuvre qui résume ses différents âges et qui les conclut par « une faute éclatante ».

On sait, selon la formule lapidaire des *Mémoires*, que Chateaubriand distingue dans l'évolution de la noblesse, cette noblesse indissociable de l'histoire de la France, l'âge des supériorités, celui des privilèges et celui des vanités. D'où son opposition d'identité mal assurée de gentilhomme poète à l'imprescriptible arrogance des amours-propres d'Ancien régime « minéralisés par l'orgueil de race et de caste ». C'est pourquoi son légitimisme apparaît comme une fidélité que lui dictent son honneur et sa compassion pour Louis XVI, roi libéral entravé puis perdu par les siens, à compter par son frère, l'ex-comte de Provence, le Louis XVIII de la Restauration que, malgré son intelligence, l'égoïsme, l'absence d'humanité et le vice des anciennes royautés, favoritisme et corruption ont empêché de suivre les conseils développés dans la Monarchie selon la Charte.

« Ce qui rend le frère du fénelonien Louis XVI totalement étranger au mémorialiste, ce qui heurte sa propre nature sensible, c'est l'assurance de droit divin qui fait de ce roi légitime un monstre antédiluvien, accompagné de retour d'exil par ses “ ultras ” et, ce qui est pire, en harmonie avec l'horrible apostat, traître à tous ceux qu'il a servis, Talleyrand-Périgord, Prince de Bénévent. On connaît la célèbre scène où le futur mémorialiste, en attente dans l'antichambre du roi, voit passer Talleyrand et Fouché : “ Tout à coup, une porte s'ouvre : entre silencieusement le vice appuyé sur le crime. ” » Fumaroli consacre tout un chapitre de son étude à l'antagonisme entre Talleyrand et Chateaubriand, car dans l'irréductible opposition des deux hommes, ce sont des natures d'essence fondamentalement distincte qui apparaissent. Si Talleyrand a pu sans vergogne se placer au service de régimes inconciliables, c'est qu'il s'estime, par orgueil de caste immémoriale, tellement au-dessus des contingences de l'Histoire qu'il n'a que mépris pour les circonstances, qu'il nargue par scepticisme les manants et la roture confondus par la démocratie.

Or, à l'inverse de Talleyrand envers qui il n'éprouve que répulsion, Chateaubriand estime que la noblesse doit s'illustrer par l'honneur, l'élection fût-elle parlementaire, et par le talent. De Talleyrand

Chateaubriand écrit : « Il ignorait cette ampleur d'ambition, laquelle enveloppe les intérêts de la gloire publique, comme le trésor le plus profitable aux intérêts privés. » Si Talleyrand a pu s'accommoder si aisément de la chute de l'Ancien régime, traverser la Terreur et ses suites, spéculer sur l'ascension de Bonaparte pour le trahir ensuite, se faire passer pour un orfèvre en diplomatie lors du Congrès de Vienne, en vérité désastreux pour la France ramenée en deçà de ses frontières naturelles, c'est précisément qu'à l'inverse de Chateaubriand, son orgueil nobiliaire, toute honte bue, est celui qui, partagé par tant de ses congénères sensibles seulement à la « douceur de vivre », a causé l'écroulement de la monarchie en interdisant les réformes possibles et nécessaires.

Fumaroli, comme s'il s'agissait d'un kaléidoscope ou d'une lanterne magique, projette successivement en surimpression de l'écran des *Mémoires* les aspects multiples d'une vie riche en métamorphoses, afin de montrer à quel point ces derniers plongent au plus profond dans une permanence historique scellée et brisée avant Thermidor, et d'une actualité toujours brûlante ces temps-ci, où de brillants esprits dissertent à longueur de vue, sur « la France qui tombe ».

Il avait vu en 1789-1794 s'effondrer et disparaître à la fois tout ce qui pouvait rester vivant et évolutif dans l'ancienne France royale et chrétienne. Il verra en 1830 le royaume restauré, qu'il s'était efforcé de rendre à la vie (et dont il avait rehaussé l'éclat lors de son bref passage aux Affaires étrangères avec l'expédition d'Espagne), s'effondrer encore, et cette fois-ci définitivement. C'est alors, mais alors seulement, comme si 1830 lui avait fait vraiment revivre et encore mieux comprendre 1793, qu'il passe une seconde fois, mais alors à fond, la ligne d'ombre de sa vie, de la France et de son siècle.

En France, les révolutions politiques sont toujours parallèles aux révolutions littéraires. De même que l'auteur de *René* avait précédé et annoncé tous les écrivains de la génération romantique (Victor Hugo déclarant d'emblée : « être Chateaubriand ou rien »), en 1830, l'auteur déjà âgé de *L'itinéraire de Paris à Jérusalem* avait constaté que dans le domaine de la langue et de la littérature, les « insurrections » s'enchaînent désormais les unes aux autres. « Le mouvement romantique de la Bataille d'Hernani qui l'avait réclamé pour chef de file était bientôt voué au même sort que le " latin des modernes " du grand siècle ou la " langue universelle " des Lumières. »

Même l'espace d'une génération ne suffisait plus, depuis la Révolution, à stabiliser une mode littéraire. On sait que Sainte-Beuve, dans son *Chateaubriand et son groupe littéraire sous l'Empire* (1861), affectant d'être déçu lors des premières lectures des *Mémoires* faites à l'Abbaye-aux-bois, feint d'enterrer déjà sous l'hommage rendu à « la tour solitaire de René » la gloire de l'enchanteur. Mais le défi du vieil homme au jeune critique réside dans le nouveau départ des *Mémoires* où Chateaubriand embrasse du regard tout le siècle, tout un monde, et ouvre les perspectives sur le passé et l'avenir. C'est dire que Chateaubriand a vu que dans le monde civilisé moderne, plusieurs langues différentes s'enorgueillissent de chefs-d'œuvre qui ne peuvent être vraiment compris que dans leur aire linguistique, alors que le français, jusqu'en 1789, pouvait prétendre au même statut d'universalité que les langues anciennes, à l'époque de la guerre du Péloponnèse avec Thucydide, Salluste ou Plutarque. Laissons à Fumaroli le mot de la fin. Chateaubriand écrit : « Bonaparte sera la dernière existence isolée de ce monde ancien qui s'évanouit : rien ne s'élèvera plus dans les sociétés nivelées et la grandeur de l'individu sera désormais remplacée par la grandeur de l'espèce. »

Dans cette perspective funèbre, le « je » apparemment autobiographique dont Chateaubriand a fait le fil conducteur de son Histoire, forme de *Mémoires*, de la guerre civile de France, est lui-même une sorte d'Iroquois, résumant sans doute « l'esprit des anciennes races » mais dont le témoignage, privé de la monumentalité d'une langue universelle, privé de la religion monastique de la mémoire, ne sera pas plus entendu que ne l'avait été son appel à la conciliation des deux France sur le forum de la Restauration.

Les *Mémoires d'Outre-tombe* acceptent d'avance de sombrer dans l'oubli en même temps que le souvenir du temps passé, malgré l'espérance déjà proustienne dans la résurrection par la magie du style et les embellissements pathétiques d'un archet de virtuose, avec leur auteur. Ils ne prétendent pas non plus au rachat d'une vie, parce que l'art n'apporte pas la rédemption d'une vie qui n'est pas innocente aux yeux de Dieu. Telles sont les dernières lignes : « Je vois les reflets d'une aurore dont je ne verrai pas se lever le soleil. Il ne reste qu'à m'asseoir au bord de ma fosse ; après quoi je descendrai hardiment, le crucifix à la main, dans l'éternité. »

« Chateaubriand, terreur et poésie » est paru en 2003, aux éditions de Fallois, 799 pages.

*

* *

Les nations redoutables, par Jean-Claude Milner

LES SPÉCIALISTES DE SCIENCE POLITIQUE SONT IMPAYABLES. Sous leur plume, l'histoire de l'Europe continentale, depuis les traités de Westphalie, ressemble à un conte. Un lecteur de Propp peut y reconnaître des fonctions narratives. Au moins une ; je l'appellerai *la nation redoutable*.

Cette fonction, la France l'a occupée longtemps. Les Français ne le croient pas et pourtant, les textes l'attestent. Je renvoie au premier volume d'Albert Sorel, *L'Europe et la Révolution française* (livre II, chap. xiii). J'y trouve cette maxime d'un conseiller de Louis XV : « Une grande puissance qui a un grand dessein commence par l'exécuter malgré les clameurs. Elle compte ensuite avec ses voisins, et le solde du compte lui est toujours favorable. » Quant à Louis XIV et à Napoléon, ils n'ont pas laissé que de bons souvenirs à leurs voisins.

L'Allemagne se substitua à la France, en 1871 ; elle qui ne pensait qu'à la philosophie et à la musique, on se mit à la redouter. Alors naquit par contraste la France bonne fille dont la République se voulut l'incarnation, y compris par les statues et les bustes. 1918 n'y changea pas grand-chose ; la France victorieuse ne redevint pas nation redoutable, mais protectrice et rassurante. Une force bien tranquille, entre casernes et clochers.

La nation redoutable, c'était toujours l'Allemagne ; elle le demeura aux yeux de tous, jusqu'en 1945, d'autant plus qu'entre-temps, elle l'était effectivement devenue. Après quoi, sous le nom d'URSS, la Russie lui succéda. Jusqu'à la chute du mur.

Or, elle n'a pas été remplacée. Pour la première fois de son histoire moderne, l'Europe ne connaît plus, sur son sol continental, de nation redoutable. La fonction ne laisse pas de subsister dans les représentations, mais comme un lieu vacant. Les Eurolâtres s'en félicitent ; ils pointent le doigt inlassablement vers ce lieu, qui est comme le tabernacle de leur rituel. Car sa vacance est leur justification.

Mais pour les anciennes nations redoutables, une conduite de deuil est nécessaire, et une demande de compensation. Si nous ne sommes pas redoutables, semblent-elles dire, alors qu'on nous trouve une autre fonction dans le conte. Celle de nation paisible, par exemple. N'est-il pas digne d'attention que le camp de la paix, en 2003, ait rassemblé précisément les trois noms de France, d'Allemagne et de Russie ?

L'analyste à la Propp se satisfait ; une fonction pour une autre, n'est-ce pas merveilleux ? Comme il convient à un conte.

Mais le lettré sceptique ressent quelques doutes. Il a lu Rostand, l'écrivain qui n'eut qu'un seul sujet : la France prenant la mesure de ce qu'elle a cessé d'être redoutable ; il se souvient de *Chantecler*, un coq s'y persuade qu'il règle le cours du soleil par son chant ; mais un jour arrive où il lui faut bien constater que le soleil se lève sans lui. Le lettré a aussi lu La Fontaine ; la Grenouille une fois crevée d'enflure, sa dépouille étalée sur une table de dissection dessine un hexagone. Il se souvient surtout du Lion devenu vieux : *« Le malheureux lion, languissant, triste et morne/Peut à peine rugir, par l'âge estropié. »*

La rhétorique de la paix n'était-elle rien de plus qu'un masque anti-rides et l'ONU, rien de plus qu'une prothèse dentaire ?

On sait comment la fable du Lion se finit. Par le coup de pied de l'âne. On croirait que quelqu'un, dans l'administration Bush, a le sens de la plaisanterie érudite. Quel âne trouver qui, d'un seul coup de pied, pût atteindre à la fois trois lions chargés d'ans ? Quel âne en effet, sinon la Pologne ? L'incarnation même de la nation non-redoutable. La triste Peau d'âne du conte westphalien.

Que se trouvent ainsi enchevêtrées, par la volonté de la vraie puissance, irrémédiablement extérieure à l'Europe, les quatre nations qui, dans l'Europe, à quelque moment de leur histoire pas si ancienne, ont formaté l'antisémitisme dans toutes ses variantes, de la plus raffinée à la plus barbare, le plaisantin y a peut-être trouvé un surcroît d'amusement. La leçon vaut bien un fromage sans doute, dirait-il, dégustant son roquefort.

ASTRES OBSCURS, HYDRES ÉTOILÉES

PAR JACQUES-ALAIN MILLER

DIMANCHE 12 OCTOBRE. – « Il est joli garçon, l'assassin de papa ! »... Sursaut.

Qui pense ça ?... Qui mène à Chimène ?... Chu d'où, ce bloc, dans mon mental ?... Des astres obscurs... Ah !... les constellations... « constellations, réunions, groupes, soit fixes, soit errants, cela seul est digne d'admiration et d'amitié ». Oui.

Reprenons en main Madame notre Pensée.

L'Autre me l'avait volée. J'aime trop ça, me la laisser voler, la laisser vibrer, s'éloigner, tournoyer dans les bras du signifiant... Pensée soufflée, pensée ravie... Elle suivait son cours pendant que j'étais ailleurs. Tout est parti du sommaire à composer, et du titre « Les constellations révélatrices ».

Ces textes épars sur ma table... venus s'échouer là... radeau de la Méduse... de quel naufrage... une revue, une poubelle... Non ! diamants à sertir... je suis orfèvre en la matière... soit une constellation à inventer... faut-il que je les aime, mes amis... amitié, admiration, constellations... *Les Pléiades*... lu jadis, trouvé niais, mais aimé pour quelques phrases sues par cœur... Gobineau, rencontré il y a peu dans la correspondance de Tocqueville... qui lui écrit avoir l'esprit *« toqué »* contre son système de l'inégalité des races... « la thèse la plus dangereuse qu'on pût soutenir de nos jours »... « système de maquignon, philosophie de directeur de haras », dit Alexis à ses amis... vache, mais empressé à servir les ambitions d'Arthur... intriguant pour lui à l'Académie... on écrivait jadis « tocqué »... le mot forcément résonnait en lui... il le met en italiques... il était toqué d'Arthur, oui... complaisant... ah, le charme d'Arthur... il rêvait de le marier à une jolie Anglaise de sa connaissance... le doux dingue gascon, chantre de la décadence universelle, voulait descendre d'un pirate norvégien... Humanité, « en prison pour médiocrité ! »... un diplomate... depuis quand les Affaires étrangères au quai d'Orsay... débuts du second Empire... un ambassadeur, le maître du racisme moderne, quoiqu'on dise... ne savait pas ce qu'il faisait... quoiqu'on excuse... ah, je préfère Lukàcs, *La destruction de la raison*... la fin des *Mythologiques*, imitée de la dernière page de l'*Essai sur l'inégalité des races humaines*... Lévi-Strauss s'est repenti... le repentir est rare chez lui... repenti d'une faute de langue... a écrit « le constat abrogé », « abrogé » ne saurait se dire d'un constat... « la raison de cette bizarrerie m'apparut seulement après plusieurs années »... avait refoulé le mot gobinien « orbe », jugé précieux... les trois lettres *orb* revenues dans « a-bro-gé », sous une forme inversée... oui, un retour du refoulé, mais lequel... a refoulé beaucoup de choses... la psychanalyse... Lacan, shaman... le désir de l'Autre, traité d'imposture... sans le nom, bien sûr, sans le nom... ainsi, on apprit que la coda de la tétralogie toute vouée à démontrer avec une adorable et comme amoureuse minutie que la complexité et la rigueur des formations de la pensée sauvage ne le cèdent en rien aux démarches les plus sophistiquées du savoir scientifique, devait ses cadences au beau chant mélancolique, au lamento loufoque qui donna le branle à Wagner et son gendre avant de reparaître dans le réel sous la forme de l'excitation maniaque du caporal épinglé, gazé... ironie... Freud ne se laissait « surtout pas aliéner par son identité juive », dit Gardel... mais comment donc... être juif, une identité qui aliène... chrétien, une identité qui désaliène... par excellence... le Juif des Lumières entre facilement dans les raisons de l'autre... s'il tue mon peuple, il a ses raisons... très bonnes... le réel étant rationnel, le criminel l'est aussi... le culte du style... « trop de beau style pour des prunes », dit Taine des Goncourt... du style pour chemises brunes, oui... mon goût invincible pour Heidegger... « Ah ! permettez, de grâce, que pour l'amour du grec, Monsieur, on vous embrasse »... autant dire... « Il est joli garçon, l'assassin de papa ! »

Là, je suis revenu à moi. Et pourquoi ? Pourquoi stop ici ? Ici précisément ? On ne se réveille que pour continuer à dormir. Donc, ne pas arrêter la folle du logis, la laisser valser, un tour de plus.

La phrase qui a fait toc-toc est un « à la manière de... », comme la fin des *Mythologiques*. Le Cid trucide. Le Cid, notre Œdipe. On ne le voit pas, parce que la figure du père est dédoublée. Texte manifeste : il y a deux pères, Rodrigue tue l'un pour venger l'autre. Pour obtenir le texte caché, superposer les deux et suspendre le facteur temps. On voit alors le fantasme dont il s'agit : le sujet frappe dans le Père le « bras que toute l'Espagne admire », le réduit à l'impuissance (« vieillesse ennemie »), le supplante, s'en défait. À la fin, l'horloge repart : inutile tuer papa, *Laisse faire le temps*, etc., et tu auras la permission.

Autre version : une écolière trouve joli garçon l'apprenti de son père, un vagabond ; le père n'apprécie pas tellement.

Est-ce vous que j'ai vu sourire
Ma fille ma fille je tremble

Lundi 13 octobre. – Dimanche soir, le dîner *Élucidation*. Fin de la traversée du désert. La rédaction se retrouve pour la première fois. On s'amuse des épinglages à venir. Catherine a préparé pour *Le Magazine littéraire* un numéro spécial « Lévi-Strauss » qui contiendra une fantaisie, inédite en français, sur la sagesse des vaches folles.

Je reprends les lettres de Tocqueville à Gobineau. Partout des aperçus suggestifs. « L'idée chrétienne de la fraternité humaine a pris complètement possession de l'esprit moderne », p. 517. Ceci, écrit en 1845. Oui, les Lumières étaient chrétiennes, l'Église a mis le temps pour s'en apercevoir. « L'*Internationâââleu* sera le genre humain. » Mais elle existe déjà, cette Internationale, il n'y en a qu'une, et c'est l'Église.

« Les institutions libres sont souvent les instruments naturels et parfois indispensables des passions religieuses », p. 589 (dans une lettre à Louis de Kergorlay, 1847). Ces passions-là ont compris ces jours-ci qu'il leur suffit de se présenter comme des *life-styles* pour retourner la laïcité comme une crêpe, et lui faire manger ses entrailles. Les petites sœurs Lévy, qui se cachent le cou comme d'autres montrent leur nombril, sont épatantes. Et, pour l'heure, idéologiquement imbattables. La laïcité est désormais sur l'étendard de toutes les religions. La Marie-couche-toi-là des curés, rabbins et autres imans. « La laïcité avec nous ! La laïcité, c'est nous !» Quel destin ! Quel tour de passe-passe !

Janvier 1850 : « C'est une espèce de nuit qui nous environne. Les hommes qui ont des lunettes n'y voient pas plus clair que ceux qui n'ont que leurs yeux et tous les aveugles cheminent ensemble en se frappant les uns les autres dans les ténèbres, en attendant qu'ils arrivent tous ensemble au fossé qui se trouve peut-être au bout de la route. » Mais c'est la France d'aujourd'hui, ça, et le monde...

À Gobineau, nommé à Téhéran : « Où est le ver qui ronge ce grand corps ? » (il parle du monde asiatique et musulman). « Si ce sont souvent, je l'avoue, de grands coquins [il parle des Européens], ce sont du moins des coquins à qui Dieu a donné la force et la puissance et qu'il a mis manifestement pour un temps à la tête du genre humain » (1855). Oui, et maintenant, le peuple élu coquin, ce sont les Américains.

« ... comme les mouvements des masses, même les plus grossières, prennent naissance dans des idées et souvent dans des idées très métaphysiques et parfois très abstraites, il est toujours utile de jeter de ces idées-là en circulation dans l'espérance que si elles sont justes, elles finiront peu à peu par se transformer en passions et en faits » (à Odilon Barrot, 1856, p. 1176). Mao disait : en force matérielle. C'est le style « bouteille à la mer » de l'époque de la grande détresse démocratique. La confiance obligée faite à la taupe qui creuse, aux pattes de colombe. Mais il faut aussi, disait quelqu'un, les témoins qui se font égorger. Il faut le sang, apporter son corps. Martyrs légendaires de Marx, de Freud : hémorroïdes, cancer.

Tocqueville console Gobineau du peu d'écho de l'*Essai* : « Il n'y a place aujourd'hui en France à aucune attention durable et vive pour une œuvre quelconque de l'esprit. Notre tempérament qui a été si littéraire, pendant deux siècles surtout, achève de subir une transformation complète qui tient à la lassitude, au désenchantement, au dégoût des idées, à l'amour du fait et enfin aux institutions politiques qui pèsent comme un puissant soporifique sur les intelligences » (p. 1181, 1856). La complainte française par excellence, résultat de la gueule-de-bois après Révolution-Empire-Restauration : il n'y a plus de vie intellectuelle. C'est toujours démontrable.

Pourtant, deux ans plus tard (p. 1318), Alexis reprochera à Arthur d'être injuste avec les contemporains. Il allègue : « MM. Thiers, Villemain, Cousin. » Même un Tocqueville peut donc jouer les Trissotin : « Ce que je vois, Monsieur, c'est que, pour la science, Rasius et Baldus font honneur à la France... »

Il se montre « bolchevique chrétien », en avance sur Marc Sangnier : « Et quant à l'esprit du christianisme, son trait distinctif n'est-il pas d'avoir voulu abolir toutes les distinctions de race que la religion juive avait encore laissé subsister et de ne faire qu'une espèce humaine dont tous les membres fussent capables de se perfectionner et de se ressembler ? » (p. 1229, 1857). Le judaïsme a pourtant sa chance comme *alternative life-style*. J'interroge une banque de donnés sur *haredi*. Trois résultats : 1) la définition : nom générique de plusieurs sectes juives orthodoxes qui rejettent la culture séculière moderne, et dont beaucoup ne reconnaissent pas l'autorité spirituelle de l'État d'Israël contemporain ; 2) « Our Haredi Businesswomen's Club » ; 3) « Haredim-in-recovery », le forum des ex-Orthodoxes : convalescence, entraide, « *Frei* Life-style ».

Mardi 14 octobre. – Sais-tu, Daniel – mais non, tu ne peux pas savoir – que c'est délicieux d'être déchiqueté par toi ? Je lis ta merveilleuse critique de mon pauvre *Neveu*. Il n'en reste rien, et tout est fait avec un tact, une délicatesse... On voit tout d'abord arriver un garçon un peu balourd, chaussé de godillots aux grosses ficelles, un innocent, qui ne se réjouit de son certificat de non-connerie que pour se repentir aussitôt de son péché d'orgueil. Le saint homme ! Tant d'humilité et de candeur désarme le lecteur ; assuré de sa supériorité, il sourit, ses défenses tombent ; on lui instille alors, goutte à goutte, par une canule invisible et indolore, le soporifique : que ce Neveu « un peu brouillon » est un roman, un livre écrit sur rien, qu'il n'y a point de stalinien, point de Rosanvautrin, point de Jésuites, ou si peu. À la fin, l'impudent Neveu réduit en charpie, on se penche avec commisération sur la poussière à laquelle il est retourné, pour lui murmurer : « Il est un autre chemin. Ta radicalité trouverait à s'y employer. » Du grand art, Daniel, je le dis comme je le pense. Une leçon d'écriture. Je n'admire pas seulement la forme. Tu évoques comme en passant (je condense ton texte) « l'importance stratégique de Lévinas comme forme d'insertion d'un certain judaïsme dans le dispositif philosophico-politique catholico-protestant dont Paul Ricœur est le prestigieux symbole ». Cette ponctuation m'a saisi par sa justesse. Une fois dit, c'est évident. L'effet lettre-volée. Et le coup de patte : « Qu'en pense l'ami Benny ? » Ah ! Messeigneurs, vous êtes très forts, rien ne prévaudra contre vous.

Dis-moi, Daniel, je t'en prie, de tels « dispositifs » se montent-ils tout seuls ? Les pièces s'assemblent-elles par l'opération de l'Esprit Saint, pendant que les lys des champs feignassent ? Ce sont les anges du ciel, mus par la Providence, qui font tout le travail ? Il n'y aurait pas, comme ça, de-ci de-là, de temps à autre, quelques travailleurs décidés qui donneraient un petit coup de main ? Et quelques têtes bien faites, entrées dans les desseins de la Providence, qui raisonnent en termes de « familles spirituelles » ?

Pour ne prendre que ces exemples, la sensationnelle reconfiguration du concept de laïcité, destiné désormais à permettre l'ostentation des symboles religieux dans l'espace public, les religions devenues « faits de culture », et dotées à ce titre d'un Institut, animé par notre ami Régis, qui préparera les enseignants à diffuser la connaissance, évidemment si désirable, et on ne peut plus laïque elle aussi, dudit « fait religieux», l'avalanche de publications religieuses, para-religieuses, néo-religieuses, en kiosque et en librairie, la montée en puissance du « religieux », comme on dit désormais, dans tous les médias, des plus populaires aux plus sophistiqués, tous ces phénomènes qui vont se multipliant, s'accélérant depuis un an, et qui s'adossent les uns aux autres, signalent que la conquête du pouvoir idéologique en France, au sens gramscien, est désormais chose faite, au bénéfice des appareils organisés de la religion majoritaire, et à la satisfaction des autres, dûment satellisées. Demain, au nom de la laïcité entendue comme liberté de croire et de ne pas croire, on verra les défilés du Saint-Sacrement sur le Boul'Mich' et les Champs-Élysées. Fort, très fort.

Comme le dit joliment Tocqueville, « il est facile de se convaincre en lisant avec intelligence et attention l'histoire du monde », et aussi en te lisant de près, Daniel, toi et les bons auteurs, que ce n'est pas sans l'aide de quelque constellation, formée de vrais fils de calender, que souvent les chevilles entrent dans les petits trous. Cette façon de dérober aux indigènes leurs dieux-lares et d'investir leurs signifiants, nous la reconnaissons, Daniel : elle a été pensée, affinée, mise en pratique des siècles durant, elle est à l'œuvre, ici et maintenant, et elle triomphe. Vous n'avez plus d'obstacle devant vous. Je dis seulement ce que je vois, et que chacun peut voir.

Mon dieu, si on avait suivi les principes reconfigurateurs du génial Ricci au lieu d'emboîter le pas aux sottes moqueries de Pascal dans la cinquième *Provinciale*, si les rites chinois n'avaient pas été condamnés en 1693, et en raison de petites adorations idolâtriques bien innocentes, destinées à faciliter la diffusion de la vraie foi, la face du monde en eut été changée. Ce n'est que partie remise de quelques centaines d'années. Il suffit d'embrasser du regard les cinq derniers siècles pour que le *pattern* émerge, clair comme de l'eau de roche, ou même les dernières décennies. La mise sur orbite de la démocratie-chrétienne après la guerre, puis, lorsqu'il apparut que cette étiquette organisait un auto-enclavement, la politique méthodique de déconfessionnalisation, qui s'est étendue à d'innombrables institutions, tout cela fut-il l'œuvre du hasard, de singes dactylographes ? Non, certaines intelligences, parmi les plus acérées qui soient, sont employées à ajuster de moment en moment cette stratégie proprement géniale. L'historien des idées que tu es dira-t-il le contraire ?

L'esprit contemporain, qui vit au rythme du cycle médiatique, dont l'unité ne passe pas vingt-quatre heures, comment croirait-il à l'existence d'un dessein multi-séculaire, pourtant parfaitement opératoire, publiquement avoué, et lisible avec un peu d'attention ? Cela semble un conte fantastique à la Borges, ou même une resucée du *Protocole des Sages de Sion*. Je dis des évidences, je ne sonne pas le tocsin. Pourquoi, grands dieux, le ferais-je ? Et au bénéfice de qui ? Qui y aurait-il pour l'entendre ? La très longue durée est désormais inaccessible au public, sinon sous la forme de ces antiques rancies dont raffole la pensée *new age*. Sollers rappelle opportunément dans *Ligne de risque* n° 19, p. 11, que Nietzsche s'octroyait des yeux capables d'embrasser des milliers d'années, alors que le milieu littéraire voit « rarement au-delà de quelques mois, au mieux quelques années (mais cela devient très rare) ».

Je compte bien que Benny te répondra sur Lévinas. Pour moi, j'en suis bien incapable. J'avoue n'être jamais entré dans son œuvre. Il me revient qu'un jour, alors qu'il me recevait dans son bureau, moi khâgneux, Schiltz, le légendaire proviseur de Louis-le-Grand, me mit dans les mains *Totalité et infini*. Je feuilletai les pages, et lui rendis le livre. Je ne suis pas allé plus loin. J'ai sûrement eu tort, et Benny, maintenant que je l'ai retrouvé, saura me déniaiser.

Ricœur. Il est donc désormais un prestigieux symbole. Symbole d'un « dispositif », certes, mais prestigieux. Et comment le dispositif, et le prestige, et le symbole, lui sont-ils donc venus, à ce Paul ? Vers

1966, si je me souviens bien, l'infortuné était le symbole d'un vertigineux *desprestigio,* comme dit l'espagnol, et n'eut de cesse de mettre l'Atlantique entre lui et Lacan. En 2003, le voici qui conduit les noces du christianisme réunifié à la française. Il les conduit veut dire qu'il marche en tête du cortège. Les Américains ont un mot pour désigner un symbole de dispositif, ils disent : *figure-head.*

Dans la nuit. – La petite pointe que tu enfonces à l'extrême fin de ton article, comme elle touche juste ! Il n'était pas besoin d'appuyer. Une piqûre d'épingle suffit, une égratignure, et l'on reconnaît la main d'un maître. « JAM veut-il nous entraîner, dis-tu, sur d'autres voies que celles d'une radicalité sans emploi ? C'est tout le mal que je lui souhaite. » *Radicalité sans emploi* – comment mieux dire ? Ah ! c'est une signature, comme la botte secrète que seuls savent porter un maître d'escrime et ses élèves. *Radicalité sans emploi*, je ne sais si l'on en goûte comme moi tout le suc de la formule. Convoquons les femmes savantes.

PHILAMINTE. – « Mais en comprend-on bien, comme moi, la finesse ? *Radicalité sans emploi* : que de la radicalité, on prenne ici les intérêts, n'ayez aucun égards, faîtes-la sortir, *quoi qu'on die. Radicalité sans emploi* nous en dit beaucoup plus qu'il ne semble. Je ne sais pas, pour moi, si chacun me ressemble, mais j'entends là-dessous un million de mots. »

BÉLISE. – « Il est vrai qu'il dit plus de choses qu'il n'est gros. Votre radicalité est vaine, Jamius, elle est vaine, c'est-à-dire qu'elle ne sert à rien. Elle est pour des prunes, là. C'est votre plus cruelle ennemie. Vous devriez la noyer de vos propres mains, comme la Princesse Uranie fit de la fièvre qui attaquait sa belle vie. »

PHILAMINTE. – « Comment ! Alors que nous et nos amis cherchons partout à trouver à redire, méditons un dessein plein de gloire, où sont intéressés la stratégie de l'État comme les destins des couronnes, et ne suffisons plus à la tâche de monter les dispositifs les plus nécessaires au bien de l'univers, qui seront vantés dans les siècles des siècles, ce Monsieur se prélasse, nous censure, et se rit de tout et de chacun. À quoi bon, Jamius, cet esprit semé à tous vents, si c'est pour que rien n'en pousse ? »

BÉLISE. – « On rage, sachez-le, chez certains qui suivent la marche du monde, juchés sur le promontoire des temps, que quelqu'un de votre rare mérite ne sache pas mieux tirer profit de ses qualités intellectuelles et morales, et se satisfasse de prodiguer des anathèmes déguisés en moqueries. »

PHILAMINTE. – « Masqué et bouffonnant, c'est un gnostique qui parle par ta bouche, Jamius. Tu n'aimes point la Création. Non, tu ne l'aimes point, car la Création, au point où nous sommes du plan divin, ce n'est plus la Nature, c'est la Société, et tout dénonce qu'invinciblement tu reviens toujours à la croire l'œuvre du diable. Vingt ans durant, souviens-toi, tu partis au désert. Faut-il pas que tu jouisses de te décompter ? de ne pas transiger ? Tu es revenu, n'est-ce que pour que l'on sache que tu n'es pas là ? Tu es bien de cette race qui refuse de servir le prince de ce monde et la grande prostituée de Babylone. »

BÉLISE. – « C'est une race que nous aimons. »

PHILAMINTE. – « Apaise ta douleur, panse ta plaie. Le monde est meilleur que tu ne crois. Il n'est point double. Tends donc un peu l'oreille à sa mélodie, que parfois tu perçois. Mêler sa voix à l'unisson ne vaut-il pas mieux que jouer de fausses notes à la trompette, que de tirer un coup de pistolet au concert ? Bref, des transactions affairées ouvrant sur des compromis progressistes, n'est-ce pas plus attrayant qu'une radicalité sans emploi ? Allons, laisse-toi pousser doucement par des vents qui ne demandent qu'à gonfler tes voiles. Sans rien renier, sans abdiquer, sans abroger, laisse-toi seulement mener par la main à la place où tu peux servir, tel que tu es, le monde tel qu'il est. Et pour le meilleur. Je parle de cet ordre du monde dont tu as su entrevoir la splendeur, et dont personne, l'ayant vu, ne saurait vouloir être l'ennemi. »

BÉLISE. – « Il est de certaines personnes... »

PHILAMINTE. – « Suffit, Bélise. »

BÉLISE. – « Les radicalités sans emploi, ça les connaît. Elles les respectent, savent les choyer, puis les recycler. Lindenbergius est passé par là. »

Philaminte et Bélise ayant achevé leurs remontrances, Lindenbergius prend l'assistance à témoin : il n'est nullement Jésuite ; il ne saurait s'exprimer au nom de la Société ; il a seulement trouvé à s'employer, comme beaucoup d'autres, à titre de Juif et d'expert ès familles spirituelles, dans l'un des secteurs d'activités intellectuelles du vaste dispositif philosophico-politique catholico-protestant à insertion israélite, dont Ricœur Paul est la figure de proue. Il ajoute : « Il faudrait voir à ne pas multiplier inconsidérément les Lindenberg comme Marcel Aymé multipliait les Sabines, car on finira par ne plus savoir quand je suis moi et quand je suis la fiction de moi-même. Vous me comprenez. »

À la fin du spectacle, trois amis se retrouvent sur le trottoir, tâchant de ne pas laisser rouler dans le caniveau l'œil unique qu'ils se repassent à tour de rôle.

L'UN. – « Une radicalité sans emploi ? Bien sûr. Ou la radicalité, ou l'emploi. Une radicalité s'emploie d'abord à se préserver elle-même, et à s'adorer sans fausse honte. Comme le dit René Char : " Notre utilité est tournée contre l'employeur. " Seul l'intellectuel transactionnel a le plein emploi. »

L'AUTRE. – « Une radicalité sans emploi, contemplative, célibataire et séparée ? Sûrement pas. La radicalité *quo majus cogitari nequit* doit être opératoire, effective, et tendue à dévier le cours du monde, soit : la société (l'agitateur révolutionnaire), la langue (l'écrivain), et l'être. Voir les *Écrits*, p. 858. À ne pas confondre avec l'hérésie des " sociomanes " (mot de Sollers, dans le dernier numéro de la revue *Ligne de risque*), les sectateurs du *Deus sive Societas*. »

LE TROISIÈME. – « Jamius indiquerait la voie d'une radicalité sans emploi ? Je ne le vois ni radical, ni sans emploi, mais réaliste et surbooké. Vous me faîtes bien rire, vous les deux. Toi, Rasius, qui joues le veuf, l'inconsolé, et même la tour abolie. Et toi, Baldus, qui t'affaires dans le pur style néo-*wirklich* des années 60. La radicalité est sans emploi parce que c'est moisi de chez moisi. La radicalité d'aujourd'hui, c'est la tradition. Pour avoir perdu leurs racines, pour les avoir égarées dans le déménagement du monde clos à l'univers infini, les déracinés définitifs les cherchent éperdument, et faute de les trouver, les réinventent. Culte du patrimoine, *our heritage*, parcs naturels, espèces protégées. Celle qui l'est le moins, car il faudrait la protéger contre elle-même, et mérite-t-elle de l'être, c'est l'espèce *hume-haine*. Les religions organisées subissent partout la pression de configurations religieuses émergentes, forgées de bric et de broc, bricolées, comme le démontrent aussi bien Frank Lambert que John Comaroff. Les radicalités furent jadis révolutionnaires, rupturistes et progressistes. Les radicalités contemporaines sont fondamentalistes, généalogiques, et rétro-kitsch. Après la révolution, non pas l'évolution, mais l'involution et la simplification sénile de l'espèce. »

Baldus : « C'est le retour à Gobineau ! »

Rasius : « *New* Gobineau ! »

Vadius : « Non, pas du tout ! Vivement le biotech ! Ksa bouge un peu dans stésse-pésse épaisse ! Les clones partout ! »

Mercredi 15 octobre. – Benny Lévy est mort cette nuit à Jérusalem. Je le connaissais bien peu, j'allais le connaître.

Jeudi 16 octobre. – Je l'ai peu connu, mais je l'ai rêvé. Socrate disait ne s'y connaître qu'en désir. Lui s'y connaissait en surmoi. « Il y a ceux qui ont peur de la mort, et il y a les autres. » A-t-il lancé quelque chose comme ça lors de la dissolution de la Gauche prolétarienne ? Il en était capable. Il détectait comme par un sixième sens la porte d'entrée dans le surmoi de l'autre ; pour peu qu'elle ne soit pas gardée, il crochetait la serrure, et, tel James Bond, s'insinuait dans la salle des commandes ; de là, il activait l'appareil à auto-reproches. Le sujet, pour échapper à la douleur morale qui s'ensuivait, filait droit sur l'objectif. Libérés de cette emprise, beaucoup se retournèrent contre lui, comme Olrik contre le Docteur Septimus dans *La Marque jaune* (jaune, vous avez compris). Cette divination, ce pianotage sur la culpabilité d'autrui, ont fait dire qu'il était diabolique. Rien n'est plus faux. Ces dons étaient chez lui spontanés et très peu réfléchis. D'où les tenait-il ? Il me semble que ce devait être le fruit de quelque rencontre précoce avec un Autre terrible ; pour un enfant juif, les occasions d'être terrorisé ne manquaient certainement pas dans l'Égypte de la Révolution nassérienne, d'où il fut chassé avec toute la communauté en 1957. Je crois qu'il lui était essentiel de s'établir dans une position d'où interpeller incessamment l'Autre sur sa défaillance. Je crois qu'il sacrifiait tout à ça. À l'époque de la GP, c'était un errant, un apatride, démuni de tout, même de son nom propre. De ce dénuement extrême, et précisément par là inexpugnable, il faisait sa question à l'Autre. Justement parce que lui n'avait rien, justement parce qu'il véhiculait une exigence inconditionnelle, absolue, sa seule présence faisait de l'interlocuteur un propriétaire frileux, voire abject. Comment l'Autre pouvait-il se soulager de la honte d'être saisi dans sa médiocrité, ses demi-mesures, ses petites jouissances imbéciles de possédant ? La seule issue était d'aider Benny, de le protéger, de lui complaire, de lui ouvrir un crédit illimité. Aussi bien, quand Benny acceptait le don, le donateur était-il encore son débiteur. Le vide qu'il se vouait ainsi à incarner, faisait de lui le joyau enfoui du groupe mao le plus farouche, jalousement gardé comme leur arche d'Alliance. Autour d'elle venaient graviter les astres : astres obscurs des militants de la GP, puis d'autres, plus éclatants. Là était son opération propre, son triomphe. Le judaïsme ultra-orthodoxe lui offrit ce qu'il avait perdu avec le terrorisme gauchiste, et mieux encore : le lien social le plus approprié à sa position subjective. Chez les *haredim*, qui se vouent à l'étude, les plus sages sont les trésors vivants de leur communauté, trop heureuse de les entretenir ; ils enragent les autres, qui les traitent de parasites. Quand je le vis en mai dernier monter à la tribune de l'École de la Cause freudienne, je ne l'avais pas rencontré depuis plus de trente ans. En mai 1971, il m'avait demandé une auto-critique pour « déviationnisme », j'avais refusé net, avais quitté la GP, sans esprit de retour. Là, il devait donner une conférence sur le messianisme. Il commença par témoigner du dégoût que lui inspirait l'expression « Israélite français », des sentiments mêlés qu'il portait aux Juifs infidèles à l'Alliance, et de l'existence d'un « autre monde », celui des *yeschivot*. Puis, il ouvrit la Torah. Loin de me rebuter, ce discours vif, et discourtois selon les normes en vigueur chez les gentils, me donna accès à une dimension qui m'avait été fermée jusqu'alors. Au cours du pot amical qui suivit, il me dit que désormais il ne supportait pas Paris plus de quelques jours, qu'il lui fallait s'en retourner très vite à Jérusalem. Il demanda au garçon de changer le verre qu'il lui apportait, parce qu'il y avait dedans une rondelle de citron. Je lui dis : « Tu vis donc comme ça chaque moment de ta vie, dans un réseau serré d'obligations et d'interdits ? » – « J'ai eu besoin de ça », me répondit-il. J'étais désormais curieux de lui comme je ne l'avais jamais été jusqu'alors. Il me demanda comment je voyais les gens de l'étude. Je lui répondis que j'avais toujours porté sur les orthodoxes un regard voltairien ; que longtemps ils n'avaient été pour moi que des mannequins pénibles ; que j'étais de la famille glorieuse des Juifs infidèles, comme Freud ; mais le talon d'Achille des Juifs infidèles m'était apparu avec l'âge : ils se reproduisent difficilement. Ne serait-ce que par le mariage mixte, leur descendance est vouée, tôt ou tard, à l'assimilation, et à perdre le nom de Juif. Donc, si l'on désire, ce qui est mon cas, qu'il subsiste dans l'avenir de ces êtres hybrides, si utiles au peuple juif comme à l'humanité, il faut les Juifs orthodoxes. « Comme dirait le père Ubu, vivent les fidèles, car sans les fidèles, il n'y aurait pas les infidèles ! C'est un peu cynique, sans doute. » Il ne le prit pas mal du tout. C'était le début d'une conversation. Je me réjouissais de le revoir en novembre. Je lui aurais confié ma construction, bien aventurée, à son propos. J'aurais certainement beaucoup appris de lui sur le judaïsme, dont je sais si peu. Nous nous apprêtions à reprendre ensemble, et avec quelques autres, la question des Lumières. Il me manquera, comme il manquera à l'État d'Israël, bien qu'Israël ne le sache pas, et bien qu'il ne fût pas sioniste. Pour le dire dans les mots de Daniel Lindenberg, c'était une radicalité qui avait enfin trouvé son emploi, et au service d'une grande cause. J'aime à penser qu'il avait tout pour devenir un *gaon* (voir ce mot).

Plus tard. – À 19h30, Rose-Marie B., qui connaît mes dilections, m'apporte et me commente l'entrefilet suivant : « *Philippe Sollers, écrivain, 66 ans* : " Le plus grand bonheur de ma vie, jamais regretté, jamais oublié ? Voici : j'ai 5 ans, c'est le matin à la campagne dans une grande pièce claire, je tiens à la main un illustré. Mais, tout à coup, les lignes écrites passent par ma voix, je les module au lieu de les ânonner. Ma mère, à côté de moi, a une exclamation de surprise joyeuse : ' Mais tu sais lire ! ' J'entends encore cette phrase. Je me lève, je sors dans la campagne, je commence à courir, dans les prés, dans les vignes, en me répétant sans cesse ' Je sais lire, je sais lire, je sais lire '. La formule est magique, elle ouvre sur une caverne aux trésors, je sais lire, j'ai reçu l'arme absolue. J'aurai peut-être à l'utiliser un jour. Il suffira de se perfectionner, en somme. " » Deux minutes plus tard, elle m'apprend que Sollers est ce soir l'invité du *Seminario latino de Paris*, rattaché au Champ freudien.

21 heures. Sollers est là, dans une petite salle, son livre des *Illuminations* sur la table. Il lit Hölderlin, Rimbaud, commente, dérive, revient. « Un jazzman », me dit la femme blonde sous le charme, qui filme toutes ses apparitions depuis vingt ans. Cet homme qui passe pour virevoltant, suscite des fidélités à la vie à la mort, et lui aussi est fidèle – à son étoile d'abord, et à quelques-uns et quelques-unes. Lacan évoque « les inconstances mentales qui soutiennent d'infrangibles fidélités » (*Écrits*, p. 631). C'est tout Sollers. À Lacan aussi, il est fidèle, à sa manière : il le taquine, le débine, l'interprète (encore dans *Ligne de risque* : Lacan, phobique de la publication), bref, il pense à lui souvent, très souvent, et même quand je ne suis pas là. Il le cite, il s'en inspire, même pour dire le contraire, il m'apparaît qu'il a un ou deux traits d'identification. Le geste étudié, non pas du tout théâtral, car rien de pompeux, rien de guindé, mais stylisé et familier à la fois, l'aisance de quelqu'un qui n'a plus rien à démontrer. Allusif, mystérieux, et gamin – il accueille d'un *Yes, sir* rigolard une question de Jacques Aubert. Que dit-il exactement ? Son don est de *laisser entendre* à chacun, à la mesure de ses moyens. Il évoque le moment du « Je sais lire » : c'était, dit-il, comme si la nature elle-même me respectait. « C'est une illumination », lui dis-je.

Attention ! bien se souvenir que Sollers se prête, ne se donne pas. Demain, si ça se trouve, il me griffera comme il m'embrasse ce soir. C'est un chat. Il est soliste dans le grand concert catholique contemporain. Il a aussi préfacé un livre à paraître sur la belle-sœur de Sade, qui fut sa maîtresse. Il me tarde de lire ça. Radicalité de Sollers : elle est bien là, et on ne la voit pas. C'est qu'il est ondoyant. On ne voit que la radicalité des raides. Pourtant, radicalité et raideur, ce n'est pas la même chose.

Vendredi 17 octobre – Marie de la Trinité avait voulu s'initier à l'hébreu, et avait obtenu le diplôme de l'Association juive des hébraïsants de France avec la mention très bien. Un samedi, elle entre dans une synagogue pour suivre un office du chabbat, et note : « que cet Éternel est loin sans son Fils bien-aimé entre lui et nous ! Et que ces réminiscences de Mer Rouge et Terre Promise sont creuses sans les mystères d'Incarnation-Rédemption. À la sortie – surprise – un israélite m'attendait : " Ma sœur, nous vous sommes très reconnaissants d'avoir bien voulu assister à notre office... La paix soit avec vous ! " » (lettre du 12 mars 1946, p. 150-151 de sa biographie).

Il est certain que les dehors du culte sont parfois rudes, ou mêmes frustes, pour une sensibilité qui fait ses délices de la liturgie catholique. Le véhicule qui rapporte la subjectivité juive à la divinité n'a pas la suspension pneumatique du véhicule chrétien, il est du type « tape-cul », si j'ose dire. Là où le catholicisme multiplie les amortisseurs, les médiations souples, les délicatesses spirituelles, le Juif semble jouir plutôt de l'abrupt. La liturgie des grandes fêtes, par exemple – je tire ma science du *Dictionnaire encyclopédique du judaïsme* – confère à Dieu l'épithète de *gadoch ve-nora*, « saint et terrible ». Le discours d'un Benny Lévy n'aurait sûrement pas transporté d'aise une Marie de la Trinité. Inversement, auprès de ce discours-là, on conçoit que celui de Marie puisse paraître d'une écœurante fadasserie. C'est que sa religion à elle, celle que le Père éternel lui communiquait personnellement, était tout-amour.

Cette religion n'apparaissait pas si catholique que ça à ses directeurs spirituels et à mère Saint Jean, fondatrice de sa congrégation, qui n'eurent de cesse d'entraver sa vocation contemplative et solitaire. Ils firent tout leur possible, des années durant, pour tourmenter la pauvre fille, jusqu'à réactiver ses angoisses infantiles précoces, et les faire « dégénérer en une névrose », selon l'expression de sa biographe et amie proche, sœur Christiane Sanson (p. 19). Il y fallut sans doute « la puissance de la grâce », mais les secours de la psychanalyse, qui lui furent prodigués quatre ans durant par Jacques Lacan, ne sont pas à compter pour rien.

Elle voulait entrer au Carmel, on lui ordonna de devenir dominicaine des campagnes. Quand, à bout de force, elle supplie, en termes propres, que l'on ait pitié d'elle, de l'angoisse où elle est « de toutes parts », qu'on lui accorde un temps régulier pour l'oraison, sans quoi elle ne saurait survivre, on lui répond en augmentant encore sa charge de travail, et en lui confiant la responsabilité des maisons du Jura (décision qui ne fut pas appliquée). On a parfois l'impression d'une Cosette sadisée par les Thénardier, d'une religieuse *Petit Chose*. Pourtant, elle est increvable. Pas un mot, ou presque, contre le « parent combiné » qui lui était échu. « Dieu a jeté un bandeau sur leurs yeux », dit-elle seulement (p. 94). Le souvenir de ces épreuves resta en elle jusqu'à sa mort (21 novembre 1980 ; elle était née en 1903), et un certain ressentiment, modéré par la charité, à l'endroit d'une hiérarchie sourde et aveugle, est sensible chez Christiane. Mais nous sommes loin d'avoir tous les textes.

Dans sa préface à la biographie, le père Chantraine, s. j. (cette indication, qui était autrefois de rigueur, se faisant de plus en plus rare, elle est d'autant plus bienvenue) explique le calvaire de Marie de la Trinité, d'une part par des « habitudes ecclésiastiques » surannées, d'autre part par l'universalité du don de la mystique, qui faisait « qu'aucune forme canonique de la vie religieuse ne [lui] convenait entièrement ». Non, monsieur, sauf votre respect, l'argument ne vaut pas. Marie ne revendiquait nullement de la congrégation dominicaine l'adéquation parfaite de l'institution à sa position subjective, qu'elle n'aurait trouvée que carmélite, elle demandait un peu de pitié, et quelques heures d'oraison et de contemplation. Plus l'histoire de Marie de la Trinité sera connue et méditée, et nous n'en sommes qu'au tout début, plus le couple au bandeau sur les yeux sera blâmé, jusqu'à devenir le symbole de l'obtusion qu'entraîne une compréhension étroite de la théologie, à l'endroit des manifestations les plus rares et précieuses de la vie spirituelle.

L'explication du père Chantraine repose sur la distinction du théologique et du spirituel ; « la séparation des disciplines théologiques et spirituelles, depuis le XVIème siècle » aurait entravé la juste appréciation du don divin fait à Marie. Pourtant, le savant préfacier souligne également que ce don, si singulier, qui mettait en jeu l'intimité de la relation du Père et du Fils dans l'Esprit Saint, débordait toute direction, qu'il n'appartenait comme tel à aucune école, ni spirituelle, ni théologique, et qu'il devait se comprendre à partir de lui-même, sans a priori. C'est dire que rien, aucun savoir, ne pouvait suppléer ce défaut de délicatesse et de dilection dont témoignèrent des confesseurs « autoritaires », et qui eut de si fâcheuses conséquences pour Marie.

Cet autoritarisme, qui paraît si désuet aujourd'hui, relève proprement de ce que nous appelons, avec Jacques Lacan, le « discours du maître », et qui est, selon son enseignement, l'envers exact de la psychanalyse.

Ce n'est point par hasard, mais pour les raisons les mieux fondées, que Marie de la Trinité dut sa sauvegarde aux secours qu'elle trouva chez le praticien de la rue de Lille, avec lequel tout indique qu'elle conserva une relation dite de transfert bien au-delà de la cure *stricto sensu*, et ce, au point d'exercer plusieurs années durant, comme psychothérapeute occasionnelle et bénévole, dans le service de médecine psycho-somatique de l'hôpital Vaugirard, durant trois ans.

La petite Paule de Mulatier, qui devait devenir Marie de la Trinité, montra une fragilité précoce. Le rôle de la mère, femme austère, « à la piété un peu janséniste », n'est pas douteux : « La recherche de perfection de maman, devait écrire Marie en 1956 dans une lettre familière, avait un aspect admirable – mais je la ressentais comme esquintante et empêchant de vivre – en même temps que les remords me montaient de ne pas prendre comme idéal de faire pareil. » Elle ajoute : « De semblables malaises dans l'enfance peuvent, par la suite, créer des nids d'angoisse et des ambivalences paralysantes, c'est-à-dire des tendances contradictoires dont tantôt l'une et tantôt l'autre domine, avec, perpétuellement, l'angoisse d'en laisser une pour opter vers l'autre et réciproquement, les deux étant impossibles ensemble » (p. 26).

Marie déchiffre sa vie à partir de ce schéme : elle souffrait d'une division en forme de dilemme. Paule vient au monde alors que l'on espère un garçon qui s'appellerait Paul ; elle se sent physiquement moins féminine que ses sœurs, elle pense avoir à la fois une mentalité de femme et une mentalité d'homme, elle se sent tantôt plus femme que les femmes, tantôt plus homme que les hommes ; de plus, elle est ambidextre, et voit dans ce trait la racine de l'indécision dont elle pâtira toujours. Eu égard à ce schème de vie, on a une notion des souffrances dues à « l'écartèlement » auquel la soumet la vie de dominicaine, entre les activités harassantes que lui prescrivent l'obéissance au « discours du maître » et la contemplation, l'oraison, l'accueil des messages du Père, son intimité avec le Fils, vers quoi l'attire invinciblement son être de prière.

Elle explique fort bien à sœur Suzanne, dans une lettre de 1956, le ressort à quoi elle attribue le soulagement de sa douleur morale : « Le jour où j'ai compris qu'il est impossible de faire tout le devoir, lequel nous déborde en tous points, mais seulement de choisir modestement dans ce devoir – le possible, j'ai été singulièrement soulagée. » (p. 192). Les spécialistes auront reconnu ici un terme familier à Jacques Lacan, qui évoquait volontiers la fin de l'analyse comme un « passage de l'impuissance à l'impossible », formule singulièrement appropriée au cas de Marie de la Trinité.

« Pour les avoir pratiqués très longtemps, dit-elle des " docteurs, au point de vue psycho ", j'ai constaté que *tous* plafonnent à un certain niveau d'être, que les meilleurs ne nient pas, mais qu'ils ne perçoivent pas et où ils ne peuvent suivre. » Elle savait donc fort bien distinguer les « meilleurs » et les autres, et reconnaissait les meilleurs à ce qu'ils admettent la dimension transcendante du spirituel, sans prétendre accéder à la connaissance spéciale qu'elle pouvait en avoir. Comment douter qu'à ses yeux, Jacques Lacan n'ait été de ceux-là ? Elle consulta « vingt psychiatres ou psychanalystes parmi les plus réputés », échappa de peu à la lobotomie et à l'électrochoc, et fut finalement accueillie et retenue par Jacques Lacan, qui « obtiendra d'elle quelques pénétrantes études » (p. 140), comme celle qui paraît ce mois d'octobre chez Arfuyen, « travaux effectués à l'intention du Dr Lacan, avec lequel elle a travaillé durant quatre années, et *qu'elle continue de revoir* » (p. 182, nous soulignons).

Nous ne sommes qu'au début de la découverte de la relation qui lia Marie de la Trinité à Jacques Lacan. Christiane évoque « les affrontements qui n'ont pas manqué entre deux personnalités aussi fortes » ; un dossier existe, où figurent les comptes rendus des consultations avec les nombreux thérapeutes sollicités, et le double de ses correspondances. Christiane Sanson argue de la proximité des événements et de la notoriété de ces thérapeutes pour différer la publication intégrale. Qu'elle sache que je coopérerai volontiers à la publication du dossier clinique réuni par Marie de la Trinité, à la seule condition que toutes les pièces existantes soient livrées au public, sûr que je suis que la réputation de Jacques Lacan ne saurait en souffrir. Des révélations incomplètes sur ce point sont, à mon avis, de nature à créer une regrettable confusion, et il serait bien préférable de lâcher le morceau. Allons ! ma sœur, sauf votre respect, le vin est tiré, il faut le boire.

Il reste que la chose précieuse, auprès de quoi ceci n'est rien, ce sont les carnets spirituels où Marie consignait les « lumières » et les « expériences » qu'elle recevait de l'Autre, quelque nom qu'on lui donne – et pourquoi lui refuser ceux dont cet Autre se désignait lui-même auprès de Marie ? à savoir, le Père, le Fils.

On voit d'emblée qu'une Marie de la Trinité n'a pas du tout accroché à la même phase du phénomène divin qu'un Benny Lévy. Là où le *gaon* jouit d'être aux prises avec un surmoi féroce qu'à la fois il incarne et auquel il s'adresse, qu'il mobilise en lui et chez l'Autre, la mystique trouve dans l'accueil solitaire du message divin qui la distingue entre tous et toutes, l'abri qui la protège des injonctions contradictoires du même surmoi féroce qui la persécute (d'origine clairement maternel, nous l'avons relevé plus haut). L'affrontement à la Chose (*Das Ding*, de Freud et Lacan) est plus direct, plus *réel* dans le judaïsme, il est médiatisé dans le christianisme, y compris voilé, ou orné, ou tout simplement civilisé, humanisé, dans le catholicisme. Mais le gain catholique ne s'obtient qu'au prix de ce que Jacques Lacan désignait comme une certaine hypocrisie de structure. Ce n'est après tout qu'un nom dépréciatif donné à la bienséance (ou encore, dans le domaine anglais, à ce que George Orwell appelait *common decency*, et qui veut toujours dire que certaines questions ne seront pas posées).

Le champ que j'appellerai *clinico-spirituel* n'a pas encore tout le développement qu'il pourrait avoir, et qu'il prendra certainement dans les années qui viennent, étant donné l'extraordinaire et multiforme montée en puissance du religieux de l'idéologie française. Sans rien précipiter à cet égard afin de ménager les chances d'une collaboration entre les disciplines théologique, spirituelle et psychanalytique, rappelons seulement quelques faits de spiritualités, qui sont indubitables.

Marie fut ravie *in sinu Patris* le 11 août 1929, à l'âge de vingt-six ans. Elle fit le récit de cette expérience subjective les 26 et 27 décembre 1940 à son directeur, le père Motte, qui lui adressa à ce propos les questions théologiques les plus pointues, auxquelles sa dirigée opposa, selon Christiane, les réponses les plus pertinentes.

« Saisie en Lui », Marie se trouve plongée dans la béatitude éternelle. « C'était toute perfection » (on a vu l'importance de ce mot pour elle). Le Père lui révèle son Fils, le Verbe éternel ; c'est ensuite la révélation de l'âme « selon sa réalité dans l'amour du Père » ; etc. Nous ne connaissons ce texte certainement capital que par les extraits qu'en donne la biographie, p. 69-71.

Cette grâce est dite trinitaire parce qu'elle met en jeu le Père, le Fils, et l'Esprit Saint, qui « ne dit rien, parce qu'aucune Personne ne procède de Lui », mais les paroles du Père et du Fils ne sont perçues par l'âme « que grâce à son Éternité, par laquelle elle se trouve unie à qui lui parle » (p. 98). La grâce, très haute et très rare, du 11/8, demeura, nous assure Christiane, « la source, le centre, la fin » de la vie spirituelle de Marie de la Trinité.

Les quelques propos du Séminaire de Jacques Lacan consacrés aux mystiques, et qui devaient avoir le retentissement que l'on sait, nous les savons maintenant inspirés, non seulement par la lecture attentive d'une vaste bibliothèque, mais par la connaissance intime, les aperçus inouïs qu'il put avoir sur les opérations de l'Autre présent dans Marie, à travers les démarches de l'expérience psychanalytique, venue se superposer un moment, sans du tout l'annuler, à l'expérience mystique.

Sans doute peut-on reprocher à Jacques Lacan de n'avoir pas restitué à Marie les nombreux manuscrits qu'elle lui adressa (et dont elle conserva les doubles), et telle lettre de Mgr Feltin. Sans doute quand elle reprit contact avec lui au sortir de sa cure de sommeil, celui-ci « avait-il donné ses rendez-vous à d'autres, et il lui dit par téléphone qu'il n'a plus le temps pour elle » (p. 153). Était-ce la raison profonde ? Ne serait-ce pas plutôt qu'il avait su reconnaître qu'à un certain niveau de l'être, il *plafonnait*, selon le mot de Marie, et qu'il lui fallait laisser le sujet poursuivre seul son chemin, avec l'aide d'autres puissances que celles de la psychanalyse ? C'est au moins ce que pensa Marie elle-même qui, non seulement ne lui tint pas rigueur de son congé, mais écrivit dans son *curriculum vitae* du 13 janvier 1957 : « Cette décision fut sans doute excellente, car, rassemblant alors le peu que j'avais de forces morales et de courage, je m'employai à utiliser au mieux l'expérience acquise durant ces quatre années de psychanalyse. J'entrepris ainsi toute seule, ma reconstruction à partir de zéro. »

Encore une fois, ce n'est qu'un début. Marie de la Trinité vient de faire son entrée parmi les grandes références de la psychanalyse. Inversement, Jacques Lacan est désormais indissociable de l'histoire d'une mystique moderne dont Urs von Balthazar sut percevoir la grandeur sous la modestie, et dont la réputation, servie par une amie ardente, Christiane Sanson, et un éditeur zélé, Arfuyen, ne saurait que grandir dans les prochaines années. En dépit de certaines réticences que l'on croit percevoir dans l'Église de France, malgré le manque d'empressement de sociomanes dont nous dirons un jour à quoi ils s'occupent pendant que d'autres dialoguent avec Dieu – la starification de Marie de la Trinité est en marche, rien ne l'arrêtera, et son étoile fera constellation avec celle de Jacques Lacan. Du point de vue de l'investigation scientifique, les recherches clinico-spirituelles viennent à l'ordre du jour.

Plus tard. – Je m'en voudrais d'attendre pour dire un mot du bon usage que les sociomanes font de leurs transactions tandis que les radicalités chôment.

Lorsque je fis la connaissance de Daniel Lindenberg voici quelque six mois, à l'occasion d'un dialogue public sur le rôle des intellectuels, je lui apportai *Le Monde* de la veille, qui annonçait la nomination du nouveau Commissaire au Plan. C'était monsieur Alain Etchegoyen, « normalien agrégé de philosophie, marié, père de six enfants, épistémologue de la thermodynamique, ancien professeur de khâgne à Louis-le-Grand, ancien titulaire de la chaire d'éthique des affaires à l'ULB (Bruxelles), co-fondateur du groupe " Agir " avec Martine Aubry, administrateur d'Usinor sous Francis Mer, a reçu notamment le prix Costa-de-Beauregard pour son ouvrage *Les entreprises ont-elles une âme ?*, le prix Médicis de l'essai pour *La Valse des éthiques*, et le Grand Prix de l'essai de l'Académie française pour *La Démocratie malade du mensonge* » – j'abrège.

Pouvons-nous adopter la thèse terroriste de Sartre dans son *Qu'est-ce qu'un intellectuel ?*, et contester la qualité d'intellectuel à monsieur Etchegoyen ? Personne n'y songe. Il convient dès lors de faire toute sa place – à côté de l'intellectuel critique, existentialo-gnostique, néo-marxiste, déconstructionniste, qui est tout ce qui reste du « sacre de l'écrivain » – à l'intellectuel d'État, catégorie qui va du haut fonctionnaire ayant son couvert mis à *Commentaire* au commis de la couche moyenne et moyenne-inférieure, qui glose dans *Esprit*. Il est bien connu désormais que Centre-droit et Centre-gauche se disposent sur une bande de Moebius, et que le catholico-bobo devient catholico-libéral sans avoir à franchir le moindre bord. Si l'on regarde le dispositif de plus près, on voit qu'il permet aux catholiques, jadis confinés dans le ghetto de la démocratie-chrétienne, d'être partout chez eux, chez les protestants et les juifs, on l'a vu, chez les musulmans, c'est en fort bonne voie, et au centre comme aux extrêmes. Ce n'était pas un mystère pour l'extrême-droite ; monsieur René Rémond signale maintenant à l'extrême-gauche l'hybride catholico-trotskyste (voir le dernier numéro du *Débat*). Il résulte de l'omniprésence catholique dans les salles de commande de la société un certain assoupissement compassionnel généralisé, qui n'est pas sans évoquer ce que Tocqueville appelait « le profond sommeil léthargique qui appesantit en ce moment [1856] l'esprit français », et qu'il imputait, sous la mauvaise influence sans doute de ses lectures de jeunesse, au fait que « nous sommes devenus extrêmement dévots ».